Franz Albracht

Kampf und Kampfschilderung bei Homer

Beilage zum Jahresbericht

Franz Albracht

Kampf und Kampfschilderung bei Homer
Beilage zum Jahresbericht

ISBN/EAN: 9783743653214

Hergestellt in Europa, USA, Kanada, Australien, Japan

Cover: Foto ©ninafisch / pixelio.de

Weitere Bücher finden Sie auf **www.hansebooks.com**

Jahresbericht

der

Königlichen Landesschule Pforta

herausgegeben zum

Dreihundertunddreiundvierzigsten Stiftungsfeste

21. Mai 1886

Hierzu als Beilage: **Kampf und Kampfschilderung bei Homer. Ein Beitrag zu den Kriegsaltertümern** von Oberlehrer Dr. Franz Albracht.

Naumburg a. S.
Druck von H. Sieling
1886

Jahresbericht

über die

Königliche Landesschule Pforta

von

Ostern 1885 bis Ostern 1886

I. Allgemeine Lehrverfassung

1. Übersicht über die einzelnen Lehrgegenstände

	IA	IB	IIA	IIB *) I. Abtlg.	IIB II. Abtlg.	IIIA	IIIB	Summa
Religion	2	2	2	2	2	2	2	14
Deutsch	3	3	2	2	2	2	2	16
Lateinisch	9	9	8	8	8	9	9	60
Griechisch	6	6	7	7	7	7	7	47
Französisch	2	2	2	2	2	2	2	14
Hebräisch	2		2		2	—	—	6
Geschichte Geographie	3	3	3	3	3	3	2 2	22
Mathematik	4	4	4	4	4	3	3	26
Naturkunde	2	2	2	2	2	2	2	14
Zeichnen			2			2	2	6
Singen	9 Stunden in 7 Abteilungen							9
Turnen	2		2		2	2	2	10
Schreiben	—	—	—	—	—	—	1	1
Summa:	33—39	33—39	32—38	32—38		34—36	36—38	

*) Die Teilung der Klasse liefs sich erst im Wintersemester vollständig durchführen.

2. Verteilung der Lehrstunden
a) Sommersemester

Lehrer	I A	I B	II A	II B 1. Abtl.	II B 2. Abtl.	III A	III B	Stundenzahl
Rektor Professor Dr. **Volkmann** Ordinarius I A	6 Griechisch			4 Grch.				10
Prof. und geistl. Inspektor **Witte**	2 Religion	2 Religion	2 Religion					6
Prof. Dr. **Buchbinder**	4 Mathematik 2 Physik	4 Mathematik	4 Mathematik 2 Physik			3 Mathematik		19
Prof. Dr. **Bertram** Ordinarius I B	9 Lateinisch	6 Griechisch						15
Prof. Dr. **Haedicke** Ordinarius II A	2 Französ.	2 Französ.	8 Lateinisch 2 Französ.	2 Franz.	2 Franz.			18
Prof. Dr. **Boehme** Ordinarius II B 1	3 Geschichte	3 Geschichte		8 Lat. 3 Gsch.				17
Prof. Dr. **Schreyer** Ordinarius III A	3 Deutsch 2 Hebräisch		2 Hebräisch			9 Lateinisch		16
Prof. **Sagerski**		2 Physik		3 Math. 1 Mathematik 1 Physik	3 Math. 1 Mathematik	2 Naturgesch.	3 Mathematik 2 Naturgesch.	18
Oberl. Dr. **Dieck** Ordinarius III B		3 Deutsch	3 Geschichte				9 Lateinisch	15
Oberl. Dr. **Albrecht** Ordinarius II B 2			7 Griechisch		8 Lat.		2 Geschichte	17
Oberl. Dr. **Kettner**		9 Lateinisch	2 Deutsch			2 Französ.	2 Französ.	15
Adjunkt Dr. **Schaefer**					4 Grch. 3 Gsch. 3 Griechisch	7 Griechisch		17
Adjunkt und 2. Geistl. **Wilmers**				2 Rel. 2 Dtsch.	2 Rel. 2 Hebräisch	2 Religion 2 Deutsch	2 Religion	14
Hülfsl. Dr. **Jacobi**					2 Dtsch.	3 Geschichte	7 Griechisch 2 Deutsch 2 Geographie	16
Bauinspektor **Blau**		2 Zeichnen				2 Zeichnen	2 Zeichnen	6
Musikdirektor **Deisenroth**	Gesang (7 Abteilungen)							9
Schreiblehrer **Engel**							1 Schreiben	1
Turnlehrer **Triebel**	2 Turnen	2 Turnen	2 Turnen			2 Turnen	2 Turnen	10

b) Wintersemester

Lehrer	I A	I B	II A	II B 1. Abt.	II B 2. Abt.	III A	III B	Stundenzahl
Rektor Professor Dr. **Volkmann** Ordinarius I A	6 Griechisch				3(2) Grch.			9 (8)
Prof. und geistl. Inspektor **Witte**	2 Religion	2 Religion	2 Religion					6
Prof. Dr. **Buchbinder**	4 Mathematik 2 Physik	4 Mathematik	4 Mathematik					14
Prof. Dr. **Bertram** Ordinarius I B	8 Lateinisch	6 Griechisch						15
Prof. Dr. **Haedicke** Ordinarius II A	2 Französ.	2 Französ.	8 Lateinisch 3 Geschichte					15
Prof. Dr. **Boehme** Ordinarius II B 1	3 Geschichte	3 Geschichte		8 Lat. 3 Gsch.				17
Prof. Dr. **Schreyer** Ordinarius III A	3 Deutsch 2 Hebräisch		2 Hebräisch			9 Lateinisch		16
Prof. **Sagerski**		2 Physik	2 Physik	4 Math. 2 Phys.	4 Math 2 Phys.			16
Oberl. Dr. **Albrecht** Ordinarius II B 2			7 Griechisch		8 Lat.		2 Geschichte	17
Oberl. Dr. **Kettner**		9 Lateinisch 3 Deutsch	2 Französ.					14
Adjunkt Dr. **Schaefer** Ordinarius III B					4 (5) Grch. 3 Gsch.		9 Lateinisch	16 (17)
Adjunkt Dr. **Hoffmann**			2 Deutsch	7 Grch.		7 Griechisch		16
Adjunkt und 2. Geistl. **Wilmers**				2 Rel. 2 Dtsch. 2 Hebräisch	2 Rel.	2 Religion 2 Deutsch	2 Religion	14
Hülfsl. Dr. **Jacobi**					2 Dtsch.	3 Geschichte	7 Griechisch 2 Deutsch 2 Geographie	16
Hülfslehrer Dr. **Wahle**				2 Franz.	2 Franz.	3 Mathematik 2 Naturgesch. 2 Französ.	3 Mathematik 2 Naturgesch. 2 Französ.	18
Bauinspektor **Blau**			2 Zeichnen			2 Zeichnen	2 Zeichnen	6
Musikdirektor **Deisenroth**			Gesang (7 Abteilungen)					9
Schreiblehrer **Engel**							1 Schreiben	1
Turnlehrer **Triebel**	2 Turnen	2 Turnen	2 Turnen	2 Turnen		2 Turnen	2 Turnen	10

3. Übersicht über die während des Schuljahres Ostern 1885/86 absolvierten Pensen

Oberprima

1. **Religion.** 2 St. Prof. Witte. Brief an die Galater und Ev. Johannes. Repetition von Kirchenliedern, Sprüchen und Psalmen.

2. **Deutsch.** 3 St. Prof. Schreyer. Einführung in die Kenntnis der neueren Nationallitteratur, besonders der Werke von Goethe und Schiller. Deutsche Aufsätze. Übungen im freien Vortrag.
Themata der Aufsätze! 1. Wie kommt es, dass die plötzliche Berührung mit der Kultur Naturvölkern meist zum Verderben gereicht? 2. Das Volksmäßige der lyrischen Dichtung Goethes an einzelnen Beispielen nachgewiesen. 3. Wo viel Licht ist, ist starker Schatten. 4. „Was du ererbt von deinen Vätern hast, Erwirb es, um es zu besitzen!" (Disposition). 5. Vergleichende Charakterschilderung des Orestes und Pylades in Goethes „Iphigenie". 6. Freie Wahl eines Themas im Anschluſs an die deutsche Lektüre der letzten Zeit. 7. Der Charakter der Idylle und der Elegie nachgewiesen an Vossens „siebzigsten Geburtstag" und Goethes „Alexis und Dora". 8. Ueber den Ausspruch: „Wenn ich nicht Alexander wäre, möchte ich wohl Diogenes sein". 9. Im engen Kreis verengert sich der Sinn, Es wächst der Mensch mit seinen gröſsern Zwecken". (Klausurarbeit).
Abiturienten-Themata. *Michaelis:* Die Bedeutung einer gemeinsamen Sprache und Litteratur für die nationale Einheit eines Volkes nachgewiesen an den Beispielen der alten Griechen und der Deutschen. *Ostern:* Inwiefern gilt das horazische „Nil mortalibus ardui est" von unsrer Zeit?

3. **Lateinisch.** 9 St. Prof. Bertram. Cic. de legg. I u. II, c. 1—13; de fin. III; Tac. Ann. I, c. 1—40; Hor. Od. III; Auswahl aus den Satiren und Episteln. Aufsätze, Skripta, Extemporalia, Vers-, Sprech- und Memorierübungen.
Themata der Aufsätze: 1. Troiam non minus civium fortitudine quam hostium discordiis defensam esse. 2. Quibus argumentis et exemplis Horatius primis sex libri tertii carminibus iustitiam et fortitudinem suaserit, vitia contraria dissuaserit (Klausurarbeit). 3. Quod de carminum compositione positum est ab Horatio (Ep. II, 1, 114—117), id transferri posse ad administrationem rei publicae. 4. Horatii illud, quod est in Sat. I, 3, 98 „Utilitas, iusti prope mater et nequi', cum iis argumentis, quae Cicero de legg. lib. I attulit, tum exemplis a rerum gestarum memoria repetitis falsum esse demonstratur. 5. Sapientis Stoici imago, qualis a Catone Tulliano (de fin. lib. III) adumbrata est, possitne comparari cum Socratis persona (Klausurarbeit). 6. De Capitolio Romano Romanae virtutis teste locupletissimo.
Abiturienten-Themata. *Michaelis:* Cur divina Demosthenis eloquentia perniciem a patria depellere non potuerit. — *Ostern:* Leonidas, rex Spartae, proditione Ephialtae nuntiata ante ultimam dimicationem contionem apud milites habet.

4. **Griechisch.** 6 St. der Rektor. Soph. Oed. Rex. Thucyd. I. II. mit Ausw. Hom. Il. XVII. XVIII. Schriftliche Übungen.

5. **Französisch.** 2 St. Prof. Haedicke. Molière, Le Tartuffe. Guizot, Histoire de Charles I. Extemporalia und kleinere Aufsätze in der Klasse; Lernen von Vokabeln nach Haedickes Vocabulaire français.

6. **Hebräisch.** 2 St. Prof. Schreyer. Repetition der grammatischen Pensa der früheren Klassen, Vervollständigung der unregelmäſsigen Verba, Zahlwörter; Einiges aus der Syntax (Gesenius-Kautzsch, Grammatik); Übungen im Übersetzen ins Hebräische; gelesen: poetische und geschichtliche Abschnitte des A. T.

7. **Geschichte.** 3 St. Prof. Boehme. Neuere Geschichte (nach Herbst, histor. Hilfsbuch). Repetition der früheren Pensa.

8. **Mathematik.** 4 St. Prof. Buchbinder. S.: Kegelschnitte nach Steiner und Repetitionen. W.: Progressionen, Kombinationslehre, binomischer Lehrsatz, höhere Reihen, Data und deren Verwendung bei Konstruktionsaufgaben. Korrektur schriftlicher Arbeiten und Extemporalien.

Abiturienten-Aufgaben. *Michaelis*: 1. Aufgabe. Durch eine Kante einer Endfläche eines rechtwinkligen Parallelepipedons mit quadratischer Grundfläche ist unter einem Winkel von $45°$ gegen die Endfläche ein ebener Schnitt gelegt; wie groß ist die Oberfläche des auf der Grundfläche stehenden Prismas? Grundkante $a = 5$ cm, Seitenkante $b = 12$ cm. 2. Aufgabe. $\sin^2 x - 2 \cos^2 x + \frac{1}{2}\sin 2x = 0$, wie groß x? 3. Aufgabe. Ein Dreieck zu konstruieren, wenn eine Seite a, die Mitteltransversale t^b einer andern Seite und der Radius r des dem Dreieck umbeschriebenen Kreises gegeben sind. 4. Aufgabe. Von 2 Städten, deren Entfernung 165 Meilen beträgt, brechen A und B gleichzeitig auf, einander entgegen. A legt am 1. Tage 1, am 2. 2, am 3. 3 u. s. w., B am 1. Tage 20, am 2. 18, am 3. 16 u. s. w. Meilen zurück; nach wie viel Tagen treffen sie sich? Frage. Haben beide Werte eine Bedeutung? 5. Besondere Aufgabe. Sind in einem gleichschenkligen Dreieck die Endpunkte der Höhe der Grundlinie und die Mittelpunkte des umbeschriebenen und des eingeschriebenen Kreises harmonische Punkte, so ist cos des Winkels an der Grundlinie gleich $\frac{1}{2}(\sqrt{3}-1)$.

Ostern: 1. Aufgabe: Aus einem geraden Kegelstumpf, dessen Seitenlinien gegen die Grundfläche die Neigung $45°$ haben, ist ein Vollkegel mit der Endfläche als Grundfläche und mit dem Mittelpunkte der Grundfläche als Spitze herausgenommen. Wenn nun die Gesamtoberfläche des Restkörpers O qm enthält und beide Kegel gleiche Seitenlinien haben, wie groß ist das Volumen des Restkörpers? 2. Aufgabe. $a \operatorname{tg} 2x + 2b = c(\operatorname{tg} x - \cot g x)$. $a = 3$, $b = 2$, $c = \frac{1}{2}$; x zu berechnen mittelst einer Gleichung für $\operatorname{tg}^2 x$. 3. Aufgabe. Ein Dreieck zu konstruieren, wenn die Differenz zweier Seiten $a - b$, die Differenz der zugehörigen Höhen $h_a - h_b$ und der Gegenwinkel A der ersten Seite gegeben sind. 4. Aufgabe. Den Koeffizienten von $a^n b^{n-3}$ in $\left(\frac{1}{2}a - b\right)^n$ zu bestimmen, wenn n gleich der Anzahl der Glieder einer arithmetischen Progression erster Ordnung mit folgenden Elementen ist: $a = NO_3$, $d = $ dem Nenner des Bruchs $0,428571428571\ldots$ und $s = $ der um 255 verminderten Anzahl der in einer 4 seitigen Pyramide mit quadratischer Grundfläche liegenden Kugeln, welche in der Kante der untersten Schicht so viel Kugeln hat, wie der Koeffizient von x^2 in $(x-1)(x+2)(x+3)(x+4)$ angiebt. 5. Besondere Aufgabe. No. 2 durch eine Gleichung für $\operatorname{tg} x$ aufzulösen.

9. **Physik.** 2 St. Prof. Buchbinder. Akustik und Optik (Koppe, Physik).

Unterprima

1. **Religion.** 2 St. Prof. Witte. I. Brief an die Corinther. Erklärung der Confessio Augustana. Repetition von Kirchenliedern, Sprüchen und Psalmen.

2. **Deutsch.** 3 St. im Sommer Oberl. Dieck, im Winter Oberl. Kettner. S.: Übersicht über die deutsche Nationallitteratur des Mittelalters mit eingehender Lektüre, bez. Besprechung des Hildebrandliedes, des Heliand, des Nibelungenliedes, des Gudrunliedes, des Parzival und einer Anzahl Lieder Walthers von der Vogelweide. Besprechung von Shakespeares Richard III. und König Lear. — W.: Oden von Klopstock und lyrische Gedichte von Goethe, Lessings Laokoon, Herders erstes kritisches Wäldchen. — Vorträge über vorher besprochene Themata, Aufsätze.

Themata der Aufsätze: 1. Die Not eine Erzieherin der Menschheit. 2. Weshalb wirkt Shakespeares Richard III trotz seinem im Einzelnen grausigen Inhalte doch als Ganzes befriedigend auf uns? 3. Cordelia und Edgar in Shakespeares König Lear. 4. Was fesselt uns noch heute an die Lyrik Walthers von der Vogelweide? 5. Klopstocks Ode „der Zürchersee" und Goethes Lied „Auf dem (Zürcher) See", ein Vergleich. 6. Das Beste, was wir von der Geschichte haben, ist der

Enthusiasmus, den sie erregt (Goethe, Sprüche in Prosa). 7. Was machte diesen Gustav Unwiderstehlich, unbesiegt auf Erden? Dies: dafs er König war in seinem Heer! Ein König aber, einer, der es ist, Ward nie besiegt noch als durch seinesgleichen (Schiller, Piccol. 11, 7). 8. In der Gestalt, wie der Mensch die Erde verläfst, wandelt er unter den Schatten (Goethe, Winckelmann a. E.). 9. Welches Bild von Cicero als Staatsmann und Redner gewinnen wir aus der zweiten Philippischen Rede? (Examenarbeit).

3. **Lateinisch.** 9 St. Oberl. Kettner. Cic. Philipp. I. II.; Tacit. Agricola; repetiert Cic. in Catil. II. — Hor. Carm. I—IV. mit Auswahl. — Aufsätze, Skripta, Extemporalia, Vers-, Sprech- und Disputierübungen.

Themata der Aufsätze: 1. Horatius quomodo pueritiam adulescentiamque egerit, ex ipsius testimoniis narretur. 2. Coniuratio Catilinaria cur tam periculosa exstiterit reipublicae Romanae, ex Cic. or. in Cat. II exponatur. 3. Galba cur tam celeriter principatu deiectus sit, explicetur ex Tac. Hist. l. I parte priore. 4. Antonius oratione a. d. XII Cal. Oct. in aede Concordiae habita respondet ad suspiciones et crimina a Cicerone in oratione, quae vocatur Philippica I, allata. 5. Horatius quae carminibus ad Maecenatem missis exposuit, adumbrentur et cur huic potissimum carmina illa inscripserit, quaeratur. 6. Horatius quod libri III carmine extremo ipse se laudavit, quomodo effugiet crimen immodestiae? 7. Suetonio Paulino absente Britannus quidam senior populares suos, ut aut patriam a crudelissimo hostium dominatu in libertatem vindicent aut mortem servituti anteponant, adhortatur (cf. Tac. Agric. 15). 8. Belli Punici secundi pars extrema cum prima comparatur (Examenarbeit).

4. **Griechisch.** 6 St. Prof. Bertram. Plato Crito u. Protag. Soph. Aias. Hom. Il. XIX. XX. Schriftliche Arbeiten und Memorierübungen.

5. **Französisch.** 2 St. Prof. Haedicke. Delavigne, Louis XI. Ségur, Histoire de la grande armée. Schriftliche Übungen und Extemporalia; Vokabellernen nach Haedickes Vocabulaire.

6. **Hebräisch.** 2 St. mit Oberprima kombiniert.

7. **Geschichte.** 3 St. Prof. Boehme. Geschichte des Mittelalters (nach Herbst, histor. Hilfsbuch). Repetition der alten Geschichte.

8. **Mathematik.** 4 St. Prof. Buchbinder. Weitere Ausführung der Lehre von den bestimmten und unbestimmten algebraischen Gleichungen, transcendente Gleichungen, komplexe Zahlen. Stereometrie. Wiederholung früherer Abschnitte. Korrektur schriftlicher Arbeiten und Extemporalien.

9. **Physik.** 2 St. Prof. Sagorski. Statik und Mechanik der festen Körper, der Gase und Flüssigkeiten; mathematische Geographie (Koppe, Physik).

Obersekunda

1. **Religion.** 2 St. Prof. Witte. Kirchengeschichte I. u. II. Teil (nach Bafsler, Abrifs der Kirchengeschichte), Kirchenlieder, Sprüche und Psalmen.

2. **Deutsch.** 2 St. S.: Oberl. Kettner, W.: Dr. Hoffmann. Erklärung von Schillers Don Carlos und Piccolomini; lyrische Gedichte von Schiller und Goethe; Lessings Minna von Barnhelm. — Disponierübungen, Aufsätze.

Themata der Aufsätze: 1. Nihil mihi videtur infelicius eo, cui nihil unquam evenit adversi (Sen. de provid. III, 3). 2. Welchen Eindruck hinterläfst in uns der Ausgang von Schillers Don Carlos? 3. Deutsch und Welsch. 4. Wie gelingt es Schiller die Handlung der Piccolomini zu einem tragischen Abschlufs zu bringen? 5. Mit welchem Rechte wird das Bild des Schmetterlings auf Grabdenkmälern verwandt? 6. Die Vorzüge eines geordneten Staatswesens. Nach Mufsgabe von Schillers Spaziergang V. 69—140. 7. Was erfahren wir aus den beiden ersten Aufzügen von Lessings Minna von Barnhelm über Ort und Zeit der Handlung und über die auftretenden Personen? 8. Bei welchen Personen in Lessings Minna von Barnhelm begegnet uns die Treue als hervorstechender Charakterzug? (Klausurarbeit).

3. **Lateinisch.** 8 St. Prof. Haedicke. Cic. Laelius, pro Sestio; Sall. Bellum Jugurthinum; Verg. Aen. IV. u. VII. Stilistische Übungen, Extemporalia, Skripta, Aufsätze, Versübungen.

Themata der Aufsätze: 1. Quo iure Cicero cum P. Scipione Africano Minore matura morte exstincto praeclare actum esse dicat. 2. Enarratio quarti Aeneidos libri. 3. Qui fieri potuerit, ut Jugurtha populum Romanum tam diu eluderet. 4. Quibus rebus Cicero motus sit, ut a. 58 suori Clodii tribuni pl. cesserit, non restiterit.

4. **Griechisch.** 7 St. Oberlehrer Albrecht. Lysias adv. Eratosth. Herodot. VI u. VII m. A. Hom. IL. XV—XVI. Genera verbi, Tempus- und Moduslehre, Infinitiv, Partic. (nach Koch, Grammatik) Extemporalia, Skripta, schriftliche Übersetzungen aus dem Griechischen.

5. **Französisch.** 2 St. S.: Prof. Haedicke, W.: Oberl. Kettner. Souvestre, Au coin du feu; Racine, Andromaque; Victor Hugo, Gedichte (nach der Auswahl von A. Kühne). Repetition früherer Pensa. Tempus- und Moduslehre, Pronoms (nach Ploetz, Schulgrammatik); Extemporalia. Vokabellernen nach Haedickes Vocabulaire.

6. **Hebräisch.** 2 St. Prof. Schreyer. Repetition des Pensums der dritten Klasse. Unregelmäfsige Verba (insbesondere die Verba mit Hauchlauten); unregelmäfsige Substantiva, Präpositionen (Gesenius-Kautzsch, Gramm.); Übungen im Übersetzen ins Hebräische; Vokabellernen, Lesung geschichtlicher Abschnitte aus Gesenius-Kautzsch' Lesebuch.

7. **Geschichte.** 3 St. S.: Oberlehrer Dieck, W.: Prof. Haedicke. Römische Geschichte (Herbst, histor. Hilfsbuch). Geographische Repetitionen.

8. **Mathematik.** 4 St. Prof. Buchbinder. Repetition und Schlufs der Kreislehre, ebene Trigonometrie und Logarithmen, algebraische Gleichungen 1. und 2. Grades (erstere repetitionsweise); Anfänge der logarithmischen und goniometrischen Bestimmungsgleichungen. Korrektur schriftlicher Arbeiten und Extemporalien.

9. **Physik.** 2 St. S.: Prof. Buchbinder, W.: Prof. Sagorski. Magnetismus, Elektrizität, Wärmelehre (Koppe, Physik).

Untersekunda

I. Abteilung

1. **Religion.** 2 St. Adjunkt und 2. Geistlicher Wilmers. Entwickelung des Reiches Gottes im neuen Bunde: das Leben Jesu nach den synoptischen Evangelien; die Wirksamkeit der Apostel nach den apostolischen Briefen und der Apostelgeschichte. Die hervorragendsten Liederdichter; Psalmen und Lieder.

2. **Deutsch.** 2 St. Adj. Wilmers. Erklärung von Schillers Macbeth, Goethes Hermann und Dorothea und einer Reihe von Schillers Gedichten; Besprechung von Lessings Minna von Barnhelm. Freie Vorträge, Deklamation von Gedichten, Aufsätze und Disponierübungen.

Themata der Aufsätze bezw. Vorträge: 1. Friedrich Barbarossas Erwachen im Jahre 1648 oder 1806 oder 1813. 2. Welchen Einflufs üben die mitwirkenden Personen auf Macbeth' Entschliefsung aus? Macbeth Akt 1. 3. a. Land und Volk der Cyklopen. b. Charakteristik des Odysseus nach dem IX. Buch. 4. Wie heifst das Ding, das wenige schätzen etc.? beantwortet mit Hülfe des Gedichts Schillers: „Das Eleusische Fest" (Klassenaufsatz). 5. Je ein freier Vortrag aus dem Nibelungenlied. 6. Welche Personen ersehnen die Rückkehr des Odysseus und warum? Od. I—II. 7. Der Charakter des Löwenwirtes, dessen Mängel und Vorzüge auch durch die entsprechenden Charakterzüge der mit ihm lebenden Personen beleuchtet. H. u. D. I—III. 8. Welche Haltung soll Athen Sparta und Tegea gegenüber beobachten? Eine beratende Rede des Themistokles, Kimon oder Aristides, gerichtet an die athenische Volksversammlung im Jahre 478 vor Chr. 9. Der athenische Ostrakismos, seine Bedeutung für den Staat und für den Verbannten. Ein Gespräch zwischen Aristides und einem attischen Landmann bei der Verurteilung des Ersteren. 10. Ein Gedicht Schillers ist zu erläutern nach seiner Form, seinem Gedankengang, seinem Hauptgedanken (Klassenaufsatz). 11. Je ein freier Vortrag nach den Dramen Uhlands, Körners oder aus Herders Cid oder Tegnérs Frithjof.

3. **Lateinisch.** 8 St. Prof. Boehme. Cicero in Cat. I. III, pro rege Deiot., Livius XXI, 30—57. Vergil. Aen. IV. Ellendt-Seyffert, Gramm. §§ 202—230. Wiederholung und Ergänzung früherer Pensen. Memorierübungen, Extemporalia, Skripta, Versübungen, ein Aufsatz.

4. **Griechisch.** 7 St. S.: 3 St. (mit Abt. II kombin.) Dr. Schaefer. Xen. Anab. VII. Koch, Grammatik §§ 82—84. Extemporalia. 4 St. der Rektor. Hom. Od. IX—X, 250. Memorierübungen. — W.: Dr. Hoffmann. Hom. Od. V, 262 — VIII, 200. Xen. Hellen. V (von 1, 31 an). Fortsetzung der Kasuslehre, Wiederholungen aus der Formenlehre. Extemporalia und Skripta.

5. **Französisch.** 2 St. S.: Prof. Haedicke, W.: Dr. Wahle. Voltaire Charles XII. Wiederholung früherer Pensa; Kasuslehre incl. Lehre vom Infinitiv. Vokabellernen nach Haedickes Vocabulaire. Extemporalia.

6. **Hebräisch.** 2 St. Adj. Wilmers. Lautlehre; Übungen im Lesen und Schreiben; Einübung des Nomens, des Pronomens und des starken Verbums ohne Suffixe und mit Suffixen (Gesenius-Kautzsch, Gramm.). Übungsstücke aus Gesenius-Kautzsch' hebr. Übungsbuche. Extemporalia.

7. **Geschichte.** 3 St. Prof. Boehme. Griechische Geschichte (Herbst, Histor. Hilfsbuch). Geographische Repetitionen.

8. **Mathematik.** 4 St. (im S. 1 St. kombin. mit Abt. II) Prof. Sagorski. Kreislehre mit Ausschlufs der Lehre von den regulären ein- und umbeschriebenen Polygonen, der Quadratur und der Rektifikation des Kreises; Ähnlichkeitslehre. Wiederholung und Vervollständigung der Potenzlehre; Wurzellehre; Gleichungen des ersten Grades. Korrektur schriftlicher Arbeiten und Extemporalien.

9. **Naturlehre.** 2 St. (im S. kombin. mit Abt. II) Prof. Sagorski. Die mechanischen und chemischen Eigenschaften der Körper; im Anschlufs daran die allgemeinen Eigenschaften der Mineralien; die wichtigsten Mineralien (Koppe, Physik).

Untersekunda
II. Abteilung

1. **Religion.** 2 St. Adj. Wilmers. Pensum wie Abteilung I.

2. **Deutsch.** 2 St. Dr. Jacobi. Lektüre von Goethes Götz von Berlichingen, Lessings Minna von Barnhelm und Uhlands Ernst von Schwaben. Freie Vorträge, Deklamation von Gedichten, Aufsätze.

Themata der deutschen Aufsätze: 1. Wodurch wird in dem Liede von Siegfrieds Ermordung unsere Teilnahme erweckt? 2. Die Gegner des Götz von Berlichingen. 3. Beschreibung Attikas. 4. a) Drei Blicke thu zu deinem Glück: Blick aufwärts, vorwärts, schau zurück! b) Themistokles (Charakteristik) (Klausurarbeit). 5. Die Vorfabel zu Lessings Minna von Barnhelm. 6. a) Die Folgen der Perserkriege für Athen. b) Charakteristik des Majors von Tellheim. 7. Markgraf Rüdiger und Ernst von Schwaben, wem gebührt der Preis der Treue? 8. Aeneas' Flucht aus Troia, nach Verg. Aen. II, 286 sqq. erzählt.

3. **Lateinisch.** 8 St. Oberlehrer Albracht. Cicero pro Roscio Amerino. Livius XXII c. 22—58. Vergil Aen. II 268—804, ausgewählte Stücke aus Buch VIII und IX. Ellendt-Seyffert Gramm. §§ 202—233, 301—312. Wiederholung früherer Pensa. Extemporalia, Skripta, Versübungen, ein Aufsatz.

4. **Griechisch.** 7 St. S.: (3 St. mit Abt. I kombiniert) Dr. Schaefer, W.: 3 St. der Rektor, 4 St. Dr. Schaefer. Xen. Anab. VII. Hellen. III. IV, 1—5. Hom. Od. I—IV. - Koch, Gramm. §§ 82—86. Extemporalia.

5. **Französisch.** 2 St. S.: Prof. Haedicke, W.: Dr. Wahle. Pensum wie Abt. I.

6. **Hebräisch.** 2 St. Adj. Wilmers (kombin. mit Abt. I).

7. **Geschichte.** 3 St. Dr. Schaefer. Pensum wie Abt. I.
8. **Mathematik.** 4 St. Prof. Sagorski (im S. 1 St. kombiniert mit Abt. I). Pensum wie Abteilung I.
9. **Naturlehre.** 2 St. (im S. kombin. mit Abt. I) Prof. Sagorski. Pensum wie Abt. I.

Obertertia

1. **Religion.** Adj. Wilmers. Geschichte des Reiches Gottes im alten Bunde, mit besonderer Berücksichtigung der Zeit der Propheten. Erklärung des Lutherschen Katechismus. Lernen und Repetieren von Sprüchen, Psalmen und Kirchenliedern.
2. **Deutsch.** 2 St. Adj. Wilmers. Lektüre und Besprechung von Gedichten aus Echtermeyer und Prosastücken aus Masius. Übungen im freien Vortrag und in der Deklamation; alle drei Wochen ein Aufsatz.
Themata der Aufsätze resp. der Vorträge: 1. Chidher, der ewig junge, in meiner Heimatstadt (von ihm selber erzählt). 2. Des Schulfest 1885. 3. Feinde in unserem Lande! Ein Abschnitt aus der vaterländischen Geschichte der Drilen (Xen. Anab. V, 2). 4. Die Rache, eine Erzählung aus dem deutschen Ritterleben (nach dem Gedichte Uhlands: „Die Rache" und dem Buche Richters: „Das deutsche Ritterleben im Mittelalter"). 5. Perianter von Corinth seinem und des Ibykus Gastfreund zu Rhegium! (Klassenaufsatz). 6. Freie Vorträge aus der brandenburgisch-preufsischen Geschichte. 7. Ein Mann — ein Wort! (in Gesprächsform dargestellt nach Platens „Harmosan"). 8. Drei Fabeln: a) Maus und Löwe, b) Duo cum faciunt idem, non est idem, c) Pferd und Kameel: Mit Weisheit und mit Wohlbedacht Hat Gott die ganze Welt gemacht (Klassenaufsatz). 9. Verwendung der Reiterei in Cäsars Heer (b. g. I—VIII). 10. Die Vernichtung des Hauses derer von Edenhall (vom Standpunkte der Feinde aus). 11. Welchem der drei Monate Januar, Mai, September gebührt der Vorzug? (Ein Gespräch dreier Freunde). 12. Wann und warum werden Kirchenglocken geläutet? 13. Wohlthätig ist des Feuers Macht (Disponierübung). 14. Wohlthätig ist des Wassers Macht (Klassenaufsatz). 15. Freier Vortrag: Je ein Abenteuer der Gudrun.
3. **Lateinisch.** 9 St. Prof. Schreyer. Caesar bell. civ. I, II. Ovid. Metam. ausgewählte Stücke nach Siebelis. Tempus- und Moduslehre nach Ellendt-Seyfferts Grammatik. Extemporalia und Versübungen (Seyffert, Palaestra Musarum).
4. **Griechisch.** 7 St. S.: Dr. Schaefer, W.: Dr. Hoffmann. Xen. Anab. V, III, IV, 1. Koch, Gramm. §§ 40, 7. 8. 44. 46, 2—9. 47—68. Repetition des früheren Pensums. Extemporalia.
5. **Französisch.** 2 St. S.: Oberl. Kettner, W.: Dr. Wahle. Ploetz, Schulgrammatik, Lektion 29—47; die wichtigsten Regeln über den Gebrauch des Pronoms, Partic., des Article partif.; Repetition der unregelmäfsigen Verba. Lektüre: Guizot, Récits historiques tirés de l'histoire de France (ed. Bandow) t. II. de Maistre, Les prisonniers du Caucase.
6. **Geschichte.** 3 St. Dr. Jacobi. Deutsche Geschichte bis zum westfälischen Frieden. Brandenburgisch-preufsische Geschichte bis zum Tode Friedrichs des Grofsen (Koepert, Geschichtskursus). Geographische Repetitionen (Daniel, Leitfaden).
7. **Mathematik.** 3 St. S.: Prof. Buchbinder, W.: Dr. Wahle. Weitere Ausführung der Buchstabenrechnung bis zu den Potenzen mit ganzen ± Exponenten einschliefslich. Algebraische Gleichungen 1. Grades mit 1 Unbekannten; Progressionen. Anfänge der Kreislehre; Flächengleichheit der Figuren. Wiederholungen. Extemporalia.
8. **Naturgeschichte.** 2 St. S.: Prof. Sagorski, W.: Dr. Wahle. S. Botanik. Das Linnésche System, die Hauptklassen des natürlichen Systems; Bestimmung zahlreicher Pflanzen der heimischen Flora, wichtige ausländische Kulturpflanzen, Exkursionen. (Baenitz, Lehrbuch der Botanik, Ausg. A). W. Der Mensch, die Wirbeltiere und Haupttypen der übrigen Tierklassen (Baenitz, Lehrbuch der Zoologie).

Untertertia

1. **Religion.** 2 St. Adj. Wilmers. Geschichte des Reiches Gottes im alten Bunde auf Grund zusammenhängender Lesung des A. T. Repetition des Luth. Katechismus; Kirchenlieder und Bibelsprüche.

2. **Deutsch.** 2. St. Dr. Jacobi. Balladen Uhlands und die Dichter der Freiheitskriege nach Echtermeyer. Ausgewählte Abschnitte aus Archenholtz, Siebenjähriger Krieg. Übungen im freien Vortrag und in der Deklamation; alle drei Wochen ein Aufsatz.
Themata der Aufsätze: 1. Der Wald im Frühling. 2. Wie bestraft Graf Eberhard seine Feinde für den Ueberfall im Wildbad? 3. Beschreibung der Aussicht vom Knabenberge. 4. Der Ausbruch des dritten schlesischen Krieges. 5. Der Nutzen und Schaden der Flüsse. 6. Die Belagerung von Avaricum. 7. Welche Freuden bringt das Wandern? 8. Pyramus und Thisbe. 9. Roland. 10. Eine Stunde auf dem Eise. 11. Inhaltsangabe von Caesar B. G. VII, 75—77. 12. Rede Hasdrubals.

3. **Lateinisch.** 9 St. S.: Oberlehrer Dieck, W.: Dr. Schaefer. Caes. bell. Gall. VII. Ovid. Metam. Auswahl nach Siebelis. Kasuslehre und das Wichtigste aus der Moduslehre nach Ellendt-Seyfferts Grammatik; Extemporalia und Versübungen (Seyffert, Palaestra Musarum).

4. **Griechisch.** 7 St. Dr. Jacobi. Koch, Gramm. §§ 1—50. Übungen im Übersetzen nach Weseners Elementarbuch I. Extemporalia.

5. **Französisch.** 2 St. S.: Oberlehrer Kettner, W.: Dr. Wahle. Ploetz, Schulgrammatik, Lektion 1—28 (teilweise repetendo). Lektüre: Rollin, Histoire d'Alexandre le Grand. Extemporalia.

6. **Geschichte.** 2 St. Oberl. Albracht. Griechische und römische Geschichte (Koepert, Geschichtskursus).

7. **Geographie.** 2 St. Dr. Jacobi. Mitteleuropa und die aufsereuropäischen Erdteile (Daniel, Leitfaden).

8. **Mathematik.** 3 St. S.: Prof. Sagorski, W.: Dr. Wahle. Die Anfänge der Buchstabenrechnung und deren einfachste Anwendung: die Lehre von der Kongruenz der Dreiecke und den Parallelogrammen nebst den sich unmittelbar daran schliefsenden Lehrsätzen und Aufgaben; Extemporalia.

9. **Naturgeschichte.** 2 St. S.: Prof. Sagorski, W.: Dr. Wahle. S. Botanik. Einübung der Terminologie, das Linnésche System; Bestimmung und Beschreibung zahlreicher Pflanzen der heimischen Flora; einzelne leicht erkennbare Familien des natürlichen Systems; Exkursionen (Baenitz, Lehrbuch der Botanik Ausg. A.). W. Zoologie. Säugetiere und Vögel (Baenitz, Lehrbuch der Zoologie).

Dispensation vom Religionsunterrichte hat nicht stattgefunden.

Unterricht in den Künsten

a) **Turnen.** Lehrer Triebel. 10 St.: IA und IB kombiniert 2 St., IIA, IIB, IIIA und IIIB je 2 St. Dispensiert waren im S. 13 Schüler für das ganze Semester, 4 für ein Quartal, im W. 14 Schüler für das Semester, 5 für ein Quartal.

b) **Gesang.** 9 St. Musikdir. Deisenroth. Der Kirchenchor, welcher beim Gottesdienste die Gesänge zur Liturgie und bei Schulfestlichkeiten und Abendunterhaltungen die Gesangspartieen ausführt, ist aus 2 Präcentoren und etwa 100 Sängern zusammengesetzt. Jede der 4 Stimmen wird in einer Stunde wöchentlich unterrichtet, wozu eine weitere Stunde für den gesamten Chor kommt. Aufserdem ist eine Vorbereitungsklasse für Männerstimmen und je eine Stunde für Sopran und Alt eingerichtet. Eine fernere Stunde dient für die Ausbildung des gemischten Chors. — Instrumentalmusik. Der Unterricht wird teils vom Musikdirektor und vom Schreiblehrer Engel, teils von Naumburger und Kösener Musikern erteilt.

c) **Zeichnen.** 6 St. in 3 Abteilungen; Bauinspektor Blau. Der Unterricht ist für die Tertianer obligatorisch, für die übrigen Schüler fakultativ. Im S. haben 33, im W. 22 Primaner und Sekundaner am Unterrichte teilgenommen.

d) **Schreiben.** Schreiblehrer Engel. Die Untertertianer erhalten zur Zeit wöchentlich 1 St. Schreibunterricht.

II. Verfügungen der vorgesetzten Behörden

1) Durch Verfügung des Königl. Provinzial-Schul-Kollegiums vom 26. Februar 1885 wird der Ministerial-Erlafs vom 3. Februar mitgeteilt, welcher die Aufmerksamkeit der Schule auf **Schwerhörigkeit** der Schüler hinlenkt und Berichterstattung über schwerhörige Schüler vorschreibt. (Die Untersuchung hat im März v. J. einen Bestand von 3 schwerhörigen Schülern ergeben, welche mit diesem Leiden bereits beim Eintritt in die Landesschule behaftet gewesen waren).
2) Magdeburg, 1. Mai. Mitteilung der Themata zur Beratung in der nächsten, um Pfingsten 1886 in Magdeburg abzuhaltenden **Direktoren-Konferenz**.
3) Durch Ministerial-Erlafs vom 30. Mai wird auf diesseitigen Antrag genehmigt, dafs die **Konfirmation** der Schüler fortan bis auf Weiteres im September stattfindet.
4) Magdeburg, 2. Juli. Hinweis auf das Werk des Dr. Reimann: Die körperliche Erziehung und die Gesundheitspflege in der Schule.
5) Magdeburg, 20. (Berlin 7.) Juli. Es wird genehmigt, dafs ein altertümlicher Schrank aus Eichenholz, in der hiesigen Trinitatiskapelle befindlich, dem Königl. Gewerbemuseum zu Berlin auf den Wunsch des Herrn Direktor Grunow leihweise und unter der Bedingung überlassen werde, dafs das Eigentumsrecht der Landesschule auch äufserlich ersichtlich gemacht wird.
6) Magdeburg, 24. Juli (Berlin, 18. Juli). Herr Professor Dr. Euler wird im nächsten Vierteljahr den Betrieb des **Turnunterrichtes** inspicieren.
7) Magdeburg, 25. Juli (Berlin, 16. Juli). Der Konvent des Klosters Loccum beabsichtigt auf der Nordseeinsel Langeoog ein Ferienhospiz zu errichten, in welchem 12—16 jährige Gymnasiasten. die den Aufenthalts an der See oder der Seebäder bedürfen, Unterkunft, Verpflegung, Beaufsichtigung und ärztliche Behandlung finden sollen.*)
8) Magdeburg, 7. August. Mitteilung des Ministerial-Erlasses vom 8. Juli, betr. Austellung von Zeugnissen der wissenschaftlichen Befähigung für den einjährig-freiwilligen Dienst. Für die Zuerkennung derselben ist der mindestens einjährige erfolgreiche Besuch der Sekunda unbedingte Voraussetzung, so dafs ein solches Befähigungszeugnis weder auf Grund des Bestehens einer Aufnahmeprüfung für Obersekunda, noch in dem Falle erteilt werden darf, wenn ein Schüler nach halbjährigem Besuch der Untersekunda bedingungslos nach Obersekunda versetzt worden ist. Dagegen braucht die einjährige Dauer des Besuchs der Sekunda nicht notwendig einer und derselben Lehranstalt anzugehören.
9) Magdeburg, 17. (Berlin 6.) August. Erläuternde Bestimmungen zu dem Ministerial-Erlafs vom 14. Juli 1884, betr. die Schliefsung von Lehranstalten bei ansteckenden Krankheiten.
10) Magdeburg, 29. November. Die historische Kommission der Provinz Sachsen übersendet 3 Exemplare der Neujahrsblätter, enthaltend Hertel, Die Gegenreformation in Magdeburg, von denen eins für die Hauptbibliothek, ein zweites für die Schülerbibliothek, ein drittes für einen Schüler der oberen Klasse bestimmt ist.
11) Magdeburg, 4. Dezember. Durch Ministerial-Reskript vom 26. November wird eine durch die Anstalt zu regelnde zahnärztliche Behandlung der Schüler der Landesschule in Anregung gebracht.

---

*) Die sehr günstigen Bedingungen sind von dem Unterzeichneten zu erfahren.

12) Magdeburg, 9. Dezember. Betr. die durch Ministerial-Erlaſs vom 23. November angeordnete Schulfeier des Regierungs-Jubiläums Sr. Majestät des Kaisers und Königs.
13) Magdeburg, 15. Dezember. Der Herr Minister erfordert durch Erlaſs vom 26. November Bericht über Art, Ausdehnung und Kosten der Schülerausflüge und über die bei denselben gemachten Erfahrungen.
14) Magdeburg, 15. Februar 1886. Der von dem Verbande niederrheinischer Religionslehrer in Düsseldorf aufgestellte Spruch- und Lieder-Kanon für den evangelischen Religionsunterricht (Duisburg 1885) wird als geeignetes Hülfsmittel für den Unterricht empfohlen.
15) Magdeburg, 20. März. Die Einführung des hebräischen Schulbuchs von Hollenberg wird genehmigt.

III. Chronik der Schule.

Das Schuljahr begann mit der **Aufnahmeprüfung**, die am 13. und am 14. April stattfand. Von 36 Knaben, welche sich derselben unterzogen, wurden 21 für reif befunden, 1 für Untersekunda, 3 für Obertertia, 17 für Untertertia.

Vom 3. bis 6. Mai beehrte der Vortragende Rat im Königl. Ministerium, Herr Geheimer Ober-Regierungs-Rat Professor D. Dr. Bonitz, die Landesschule mit einem Besuch, um den Betrieb des Unterrichtes aller Klassen zu revidieren und die Verfassung und die gegenwärtigen Zustände des Alumnats einer näheren Prüfung zu unterziehen. Für die ebenso anregende wie wohlwollende Art, in welcher der hohe Vorgesetzte in einer Schluſskonferenz seine Beobachtungen dem Lehrerkollegium eröffnete, und für die warme und lebhafte Fürsorge, deren sich die Anstalt auch bei diesem Anlaſs zu erfreuen gehabt hat, sei an dieser Stelle nochmals der ehrerbietigste Dank zum Ausdruck gebracht.

Am 9. Mai fand die feierliche **Einsegnung** der 27 Katechumenen der Landesschule durch den Geistlichen Inspektor Professor Witte und Tags darauf die erste Kommunion derselben statt, an welcher sich die Lehrer mit ihren Familien, die erwachsenen Schüler und nicht wenige Verwandte der Konfirmierten beteiligten.

Das dreihundertzweiundvierzigjährige **Stiftungsfest** der Landesschule wurde am 21. Mai in herkömmlicher Weise gefeiert. Das Einladungsprogramm enthielt eine Abhandlung des Professor Sagorski, betitelt: „Die Rosen der Flora von Naumburg a S. nebst den in Thüringen bisher beobachteten Formen." Auf den Gottesdienst folgte der Schulaktus nach dem in den vorjährigen Schulnachrichten angegebenen Programme. Prämien empfingen aus Prima Erich Förster, Friedrich Wegner, Johannes Spiegler, August Hämmerling, aus Obersekunda Karl Klewitz und Adolf Tiersch, aus Untersekunda Oskar Buddenbaum und Friedrich Morgenroth, aus Obertertia Hermann Henckmann und Otto Fleck, aus Untertertia Oskar Ringleben und Heinrich Peters. Das Koberstein-Stipendium wurde dem stud. phil. Friedrich Kurze verliehen. Nach dem Festessen und abends wurden die gebräuchlichen Festlichkeiten im Schulgarten — Adlerschieſsen, Schauturnen mit Preisverteilung, Tanz und Freudenfeuer — veranstaltet.

Der **Frühlings-Bergtag** wurde am 11. Juni gefeiert.

Am 20. Juni unternahm der Turnlehrer Triebel mit den 75 Vorturnern und Anmännern eine **Turnfahrt** über das Himmelreich, Camburg und Tautenburg nach Dorndorf und zurück über Camburg und die Rudelsburg.

Die **Sommerferien** begannen zufolge der neuen Ferienordnung (s. Schulnachrichten 1885 S. X) am 4. Juli und dauerten bis zum 8. August. Während derselben wurde uns ein hoffnungsvoller Schüler der Untersekunda, der Alumnus Otto Schwittay, durch den Tod entrissen. Er starb an den Folgen einer gefahrvollen Operation zu Halle a. S. und wurde in der Heimat seiner Groſseltern, in Driesen, bestattet. Sein Tutor Prof. Sagorski hielt ihm am 16. August das Ecce

Der Sedantag wurde mit Gottesdienst und einem Schulaktus, bei welchem u. a. der Oberlehrer Albracht den Zuhörern ein Bild der Schlacht bei Sedan entwarf, und Festessen gefeiert. Nachmittags wurde der zweite Bergtag abgehalten, der sich bis zum Eintritt der Dämmerung ausdehnte und in einer kleinen patriotischen Feier — Freudenfeuer auf dem Knabenberge, Gesang patriotischer Lieder und Ansprache mit dem Hochruf auf Se. Maj. den Kaiser und König — seinen Abschlufs fand.

Die mündliche Reifeprüfung des Herbsttermins wurde am 16. September vorgenommen. Von den 4 angemeldeten Abiturienten konnten 3 das Reifezeugnis erhalten. Das Abschiedsessen fand am 17., die Valediktion am 19. September statt.

Am 19. September traf der Unterrichts-Dirigent der Königl. Turnlehrer-Bildungs-Anstalt in Berlin, Herr Professor Dr. Euler in Pforta ein, um in höherem Auftrage vom Betriebe des gesamten Turnunterrichtes Kenntnis zu nehmen und mancherlei technische und pädagogische Fragen anzuregen. Es war dem Lehrerkollegium eine erfreuliche Pflicht, dem trefflichen Manne, der gerade 25 Jahre früher aus seiner hiesigen Lehrerstellung nach Berlin berufen worden war, bald darauf aus Anlafs des 25jährigen Amtsjubiläums (3. Oktober) in Form eines Glückwunschschreibens seine freudige Teilnahme zu bekunden.

Das Sommersemester wurde am 26. September geschlossen. An diesem Tage verliefs uns der erste Oberlehrer Dr. Friedrich Dieck, um einem ehrenvollen Rufe als erster Lehrer des Gymnasiums zu Wilhelmshaven zu folgen. Im Schlussaktus richtete er an Lehrer und Schüler herzliche Worte des Abschieds, nachdem ihm der Unterzeichnete den aufrichtigen Dank der Landesschule für die grofsen Verdienste ausgesprochen hatte, die er sich während der 13 Jahre seiner hiesigen, durch Pflichttreue und Energie ausgezeichneten Amtsführung als Lehrer und Erzieher erworben. Unsere besten Wünsche begleiteten ihn in seinen neuen Wirkungskreis.

In der zweiten Receptionsprüfung, die am 5. und 6. Oktober stattfand, wurden 13 Schüler aufgenommen, 2 nach Untersekunda, 3 nach Obertertia, 8 nach Untertertia. Am folgenden Tage fand die feierliche Installation des Dr. Max Hoffmann statt, der nach dem Ausscheiden des Oberlehrer Dr. Dieck und dem Aufrücken der Oberlehrer Dr. Albracht und Dr. Kettner und des Adjunkten Dr. Schaefer in die nächsthöheren Stellen zum 2ten Adjunkten der Landesschule ernannt worden war und nach dritthalbjähriger Thätigkeit am Gymnasium zu Mülhausen i. E., von dort zu uns zurückkehrte. Über seinen Lebensgang vgl. das Programm des J. 1883 S. X. Seine Installationsrede behandelte das Thema: "Deutsche Litteratur im Elsafs". — Gleichzeitig wurde der Hilfsl. Dr. Wahle seinen neuen Schülern vorgestellt. Um nämlich die vollständige Teilung der überfüllten Untersekunda, welche im Sommer nur durch die freiwillige Übernahme von Mehrstunden seitens einiger Mitglieder des Lehrerkollegiums bis auf 6 wöchentliche Unterrichtsstunden ermöglicht war, nunmehr vollständig durchzuführen, war höheren Ortes, vorläufig bis Ostern 1886, die Anstellung eines zweiten Hilfslehrers genehmigt und diese Stelle durch das Kgl. Provinzial-Schul-Kollegium dem Genannten übertragen worden, über dessen Lebensgang folgendes anzuführen ist. Hermann Wahle, geboren zu Schleusingen am 3. Februar 1859, besuchte das Gymnasium seiner Vaterstadt bis Ostern 1878, studierte in Halle und Berlin Mathematik und Französisch, erwarb sich im November 1882 in Halle die facultas docendi und im Jahre 1883 ebenda die philosophische Doktorwürde auf Grund einer Dissertation, betitelt: Die Centralbewegung eines materiellen Punktes nach dem Gesetze μr^5. Seit Herbst 1884 war er als wissenschaftlicher Hilfslehrer am Gymnasium zu Halberstadt thätig. Der Unterricht begann am 8. Oktober.

Die zweite Feier des heiligen Abendmahles fiel auf den 10. Oktober.

Zu Anfang November wurde für die Schüler der oberen Klassen, für die Primaner fakultativ, für die Sekundaner obligatorisch, der Tanzunterricht wieder aufgenommen und bis Anfang März fortgesetzt. Auch in diesem Winter erteilte denselben in 5 wöchentlichen Stunden der Tanzlehrer Wagner aus Erfurt.

Aus den auf S. XII der vorjährigen Schulnachrichten angeführten Gründen fanden die Theaterspiele am 9. und am 10. November statt. Die Obersekundaner brachten unter Leitung des Dr. Jacobi "Rosenkranz und Güldenstern" von Klapp, die Primaner unter Leitung des Prof. Schreyer Shakespeares "Was ihr wollt" zur Aufführung.

Am 21. November hielt der Adjunkt Dr. Hoffmann das allgemeine Ecce für folgende ehemalige Zöglinge der Landesschule: 1. *Hans Friedrich Gotthelf von Götz*, geb. 1832, Alumnus Ostern 1846 bis Ostern 1853, gest. am 2. Mai 1883 als Landrat a. D. zu Hohenbocka. 2. *Gottwalt Immanuel Reinhold Klee*, geb. am 12. April 1838, Alumnus Mich. 1851 bis Ostern 1856, gest. am 22. Juli 1884 als Pastor in Schlalach bei Treuenbrietzen. 3. *Bernhard Richter*, geb. am 16. Juni 1818, Alumnus Ostern 1832 bis Ostern 1836, gest. am 27. November 1884 als Justizrat und Domsyndikus zu Naumburg a. S. 4. *Karl Hämmerling*, geb. am 29. Aug. 1861, Alumnus von Mich. 1875 bis Ostern 1882, gest. am 4. Januar 1885 als stud. phil. in Kösen. 5. *Johann Ernst Bischof*, geb. am 7. April 1803, Alumnus von Michaelis 1816 ab, gest. am 13. Januar 1885 zu Naumburg a S. als Salzwerks-Direktor a. D. 6. *Otto Lange*, geb. am 25. März 1817, Alumnus von Ostern 1830 bis Michaelis 1836, gest. 16. Jan. 1885, als Generalarzt II. Cl. a. D. in Celle. 7. *Heinrich August Meister*, geb. 13. April 1810, Alumnus Michaelis 1823 bis Michaelis 1828, gest. 26. Januar 1885 als Superintendent emer. zu Leipzig. 8. *Ludwig Otto Krug von Nidda*, geb. 16. Dezember 1810, Alumnus Ostern 1825 bis 1828, gest. am 8. Februar 1885 als Kgl. Preuß. Oberberghauptmann a. D, Wirkl. Geh. Rat, Excellenz zu Berlin. 9. *Clemens Stephan*, geb. am 27. Dezember 1865, Alumnus Ostern 1879 bis Neujahr 1884, gest. am 13. Februar 1885, als Abiturient des Gymnasiums zu Eisenberg. 10. *Karl Traugott Seiffert*, geb. am 16. November 1805, vom 1. Juli 1845 bis Ostern 1880 als Musikdirektor an der Landesschule angestellt, gest. am 3. März 1885 in Kösen (vgl. Schulnachrichten 1885, S. XIII.) 11. *Wilhelm Habermeyer*, geb. 16. Oktober 1853, Alumnus von Michaelis 1866 bis Ostern 1872, gest. 16. März 1885 als Regierungs-Assessor zu Arnsberg. 12. *Paul Georg Saling*, geb. 30. Oktober 1830, Alumnus von Michaelis 1846 bis Dezember 1850, gest. am 3. Juni 1885 in Schönebeck als Landger.-Direktor. 13. *Oskar Pfeil*, geb. 27. August 1843, Alumnus Michaelis 1857 bis Ostern 1863, gest. 11. Juni 1885, als Pastor in Bad Thal i. Thür. 14. *Karl Wilhelm Julius Ernst Sievers*, geb. 8. Juli 1863, Extraneer 1878 bis Ostern 1880, von da bis Ostern 1883 Alumnus, gest. am 29. Juni 1885 als Kaufmann in Bremen. 15. *George Wilhelm Baum*, geb. um 2. August 1835, Extraneer von Ostern 1850 ab, später Alumnus, gest. am 21. Juli 1885 als Kaufmann zu Zoppot bei Danzig. 16. *Karl Theodor Groddeck*, geb. 11. April 1826, Extraneer Michaelis 1843 bis Ostern 1844, gest. 22. September 1885 als prakt. Arzt in Berlin. 18. *Franz August Otto Wolf*, geb. 13. Juni 1844, Alumnus Ostern 1858 bis Michaelis 1864, gest. 28. Oktober 1885 als Stabsarzt a. D. in Kösen.

Die Weihnachtsferien dauerten vom 22. Dezember bis zum 5. Januar. Gegen den Schluſs derselben traf den Hilfslehrer Dr. Wahle der Unfall eines Beinbruchs auf der Eisbahn, der ihn für das ganze Quartal seiner Thätigkeit entzog. Dank der Bereitwilligkeit der Kollegen zur Uebernahme von Mehrstunden konnte indessen der begonnene Unterrichtsplan verfolgt und insbesondere die durchgeführte Teilung der überfüllten Untersekunda im Wesentlichen beibehalten werden.

In der gröſseren Abendandacht des 9. Januar 1886 nahm der Unterzeichnete im Anschluſs an das während der Ferien gefeierte Regierungsjubiläum Sr. Majestät des Kaisers und Königs Veranlassung, in längerer Ansprache auf die vielfachen Segnungen hinzuweisen, welche Preuſsen und Deutschland in den verflossenen 25 Jahren erfahren haben.

Die Osterabiturienten wurden am 1. und 2. März unter dem Vorsitze des Königlichen Departementsrates, Herrn Provinzial-Schulrates Dr. Todt, mündlich geprüft. Den angemeldeten 21 Abiturienten konnte das Reifezeugnis zuerkannt, 6 unter ihnen, Förster, Graf von Schweinitz, Grimm, Spiegler, Davy und Bünger, die mündliche Prüfung erlassen werden. Das Abschiedsessen folgte am 3., die feierliche Entlassung am 5. März.

Der Geburtstag Sr. Majestät des Kaisers und Königs wurde am 22. März in der üblichen Weise mit Gottesdienst, Schulaktus, Festessen und freiem Spaziergang gefeiert. Die Festrede wurde vom Oberlehrer Dr. Kettner gehalten und gab ein Charakterbild Kaiser Wilhelms. Der Primanerball muſste auf ärztlichen Rat mit Rücksicht auf den besorglichen Gesundheitszustand des Cötus verschoben werden.

Am 1. April hatte der Unterzeichnete die Ehre, dem Herrn Geheimen Ober-Regierungs-Rat

Prof. D. Dr. Bonitz zum 50jährigen Amtsjubiläum die Glückwünsche der Landesschule persönlich zu überbringen und eine kleine Gratulationsschrift zu überreichen*).

Mit dem Schlusse des Wintersemesters schieden die beiden Hilfslehrer Dr. Jacobi und Dr. Wahle aus ihren hiesigen Stellungen, um als ordentliche Lehrer und Alumnatsinspektoren an das Kloster U.-L.-Frauen zu Magdeburg überzugehen. Beiden folgen Dankbarkeit und die herzlichsten Segenswünsche in ihre neue Thätigkeit.

Der Schulschlufs erfolgte mit Genehmigung des Königlichen Provinzial-Schul-Kollegiums bereits am 7. April. Veranlafst wurde diese Mafsregel durch die Notwendigkeit, wegen der seit Monaten herrschenden Diphtherie eine durchgreifende Desinfektion des ganzen Schulhauses vorzunehmen, bezw. einen vollständig neuen Anstrich der Schülerstuben, Schlafsäle, Korridore, Klassenzimmer und der Krankenanstalt herzustellen. Nachdem nämlich bereits im letzten Quartal des Vorjahres ein leichter sporadischer Fall in der Familie eines Lehrers, ohne weitere Erkrankungen nach sich zu ziehen, aufgetreten war, brach die tückische Krankheit, deren Einschleppung durch einen aus den Weihnachtsferien zurückgekehrten Schüler mit ziemlicher Sicherheit nachzuweisen war, im Alumnat am 23. Januar aus. Trotz aller Vorsichtsmafsregeln, bei sorgfältigstem Isolieren und Desinficieren, dauerten die Einzelerkrankungen bis in die ersten Tage des April fort. Im Ganzen kamen 27 Alumnen und 5 Extraneer zu ärztlicher Behandlung; bei einigen Patienten trat die Krankheit in ziemlich heftiger und gefahrvoller Form auf. Das Königliche Provinzial-Schul-Kollegium sah sich durch die diesseitigen Berichte veranlafst, am 18. März den Königlichen Herrn Regierungs-Präsidenten zu Merseburg von der Sachlage in Kenntnis zu setzen. In Folge dessen fanden sich am 24. März der Vertreter des Königlichen Landratsamts zu Naumburg, Herr Kreisdeputierter Stockmann, und der Königl. Kreisphysikus, Herr Geh. Sanitäts-Rat Dr. Hartmann zu einer Beratung mit den Herren Prokurator Zimmermann, Dr. Noeldechen und dem Unterzeichneten ein. Es wurde festgesetzt, dafs zwar von einer sofortigen Schliefsung der Schule Abstand zu nehmen, jedoch behufs einer gründlichen Desinfektion sämtlicher Schulräume die Dauer der Osterferien um 8 Tage zu verlängern sei und während derselben alle Schüler die Anstalt zu verlassen hätten. Um die Härten, welche diese Mafsregel für ferner wohnende und weniger bemittelte Schüler haben mufste, thunlichst zu mildern, genehmigte das Königl. Provinzial-Schul-Kollegium, dafs diesmal ausnahmsweise Reiseunterstützungen im Betrage von 300 Mark aus der Schulkasse gezahlt würden. So wurde das Verreisen sämtlicher Schüler für die dreiwöchentlichen Osterferien ermöglicht; auch für die Rekonvaleszenten stand dem kein Bedenken entgegen. Wir danken Gott, dafs nicht nur kein Todesfall zu beklagen ist, sondern auch keiner der erkrankten Schüler einen dauernden Nachteil für seine Gesundheit davongetragen oder noch zu fürchten hat. — Da allem Anscheine nach eine Uebertragung der Krankheit durch das Zurückschaffen der Betten genesener Alumnen nach den Schlafsälen trotz sorgfältigster Desinfektion herbeigeführt war, so ist es mit lebhaftestem Danke zu begrüfsen, dafs die Krankenanstalt während der Osterferien nunmehr mit einer ausreichenden Anzahl eigener vollständiger Betten ausgestattet worden ist.

---

*) „Hermano Bonitz, scholae Portensis olim alumno dexterrimo, nunc praesidi integerrimo ac fautori benevolentissimo Kal. April. anni CI‌ↄIↄCCCLXXXVI, quo die auspicatissimo ante hos quinquaginta annos munus scholasticum suscepit, pietatem venerationem gratiam, laeti lubentes testantur rector et collegae Portenses. Inest Alexandri Magni rerum gestarum epitoma primum edita."

IV. Statistische Mitteilungen

A. Frequenz-Tabelle für das Schuljahr 1885/86

	I.	II.	II*.	II*.	III*.	III*.	Summa
1. Bestand am 1. Februar 1885	18	22	45	43	45	33	206
2. Abgang bis zum Schluſs des Schuljahres 1885/86	14	1	5	2	3	1	26
3a. Zugang durch Versetzung zu Ostern	20	31	26	34	18	—	130
3b. „ „ Aufnahme „ „	—	—	—	1	3	17	21
4. Frequenz am Anfang des Schuljahres 1885/86	24	33	34	50	29	32	201
5. Zugang im Sommersemester	—	—	—	—	—	—	—
6. Abgang „ „	3	1	1	4	—	1	10
7a. Zugang durch Versetzung zu Michaelis	—	—	—	—	—	—	—
7b. „ „ Aufnahme „ „	—	—	—	2	3	8	13
8. Frequenz am Anfang des Wintersemesters	21	32	33	48	32	38	204
9. Zugang im Wintersemester	—	—	—	—	—	—	—
10. Abgang „ „	—	2	2	—	—	2	6
11. Frequenz am 1. Februar 1886	21	30	31	48	32	36	198
12. Durchschnittsalter am 1. Februar 1886	19,6	18,5	17,6	16,2	15,2	14,2	

B. Religions- und Heimatsverhältnisse der Schüler

	Evang.	Kath.	Diss.	Juden	Einh.	Ausw.	Ausl.
1. Am Anfang des Sommersemesters	201	—	—	—	11	185	5
2. Am Anfang des Wintersemesters	204	—	—	—	11	187	6
3. Am 1. Februar 1886	198	—	—	—	11	182	5

Das Zeugnis für den einjährigen Militärdienst haben erhalten Ostern 1885: 26, Michaelis 1885: 2, davon sind zu einem praktischen Beruf übergegangen Ostern —, Michaelis 2.

C. Übersicht über die Abiturienten

a) Michaelis 1885

№	Namen	Geburtstag und Jahr	Geburtsort	Stand des Vaters	Wohnort der Eltern	Schulbesuch im ganzen	Schulbesuch in Prima	Gewählter Beruf
1	Aschack, Paul	24. Mai 66	Petricken	Reg.-Baurat †	Züllichau	6½	2	Math. u. Naturw.
2	Bernhardt, Karl	31. Mai 65	Hilchenbach	Oberforstmeist. †	Neu-Stornberg Ost-Preußen	4¼	2¼	Forstfach
3	Heist, Johannes	23. Juli 65	Branderode	Pastor	Beyersdorf	7	2	Theologie

XVII

b) Ostern 1886

№	Namen	Geburtstag und Jahr	Geburtsort	Stand des Vaters	Wohnort der Eltern	Schulbesuch im ganzen / in Prima		Gewählter Beruf
1	Förster, Erich	4. Nov. 65	Greifswald	Minist.-Dir. †	Berlin	7	2	Theologie
2	Graf v. Schweinitz, Frdr.	16. März 66	Attendorf	Majoratsherr †	Hausdorf	6	2	Landwirtsch.
3	Weiske, Martin	31. Okt. 64	Voelpke	Pastor	Voelpke	7	2½	Theologie
4	Rolshof, Max	20. März 66	Aachen	Consistorialrat †	Düsseldorf	6	2	Medizin
5	Grimm, Wilhelm	16. Mai 09	Düsseldorf	Lehrer	Tonisheide	3½	2	Theol. u. Phil.
6	Wegner, Friedrich	28. Dez. 66	Sommerda	Buchhalter	Sömmerda	9	2	Naturwiss.
7	Spiegler, Johannes	17. Juli 67	Ploßmar	Lehrer	Mumleben	5¼	2	Theol. u. Phil.
8	Dary, Robert	22. Jan. 67	Königsberg i. Pr.	Ingenieur †	Berlin	6½	2	Jura u. Cam.
9	Toute, Theodor	6. Juli 65	Stettin	Pastor †	Berlin	7	2	Medizin
10	Haemmerling, August	25. März 66	Kösen	Konditor †	Kösen	6¼	2	Postfach
11	Nethe, Wilhelm	3. Mai 66	Neuhaldensleben	Kreisphysikus †	Neuhaldensleben	4	2	Jura
12	Joachim, Johannes	12. Sept. 64	Hannover	K. Kapellmeister	Berlin	6½	2	Philologie
13	Joachim, Hermann	21. Jan. 66	do.	do.	do.	6½	2	Militair
14	Afsmann, Walter	8. Okt. 65	Neviges	Fabrikant †	Lüdenscheid	4½	2	Jura
15	Rhode, Emil	9. Jan. 66	Berlin	Gh.O.-Fin.-Rat †	Berlin	7½	2	Theologie
16	Noell, Ulrich	28. April 64	Solingen	Kaufmann	Constantinopel	7	2	Jura u. Cam.
17	Bünger, Paul	24. Okt. 66	Thyrow	Lehrer	Groben	3½	2	Postfach
18	Schoppen, Johannes	19. Dez. 65	Bubra	Lehrer	Cannawurf	7	2	Theologie
19	Anders, Lothar	14. Mai 67	Lobau i. W.-Pr.	Geh. Ob.-R.-Rat	Berlin	6½	2	Militair
20	Hann, Walter	6. Mai 67	Dachrieden	Pastor	Edersleben	5½	2	Theologie
21	Ternas, Ernst	13. März 66	Lötzen	Steuer-Insp. †	Königsberg i. Pr.	6	2	Medizin

D. Außerdem sind abgegangen:

a) Aus Unterprima: *Heinrich Ernst* aus Schönebeck, *Otto Koffka* aus Berlin, *Otto Barthels* aus Leipzig, *Hans Zirgenbein* aus Mühlberg a/E.; b) aus Obersekunda: *Adolf Holst* aus Beyersdorf, *Willy Eiserhardt* aus Friedenfels in Bayern, *Paul Voerckel* aus Wittenberg, *Ottobald von Werthern* aus Schloß-Beichlingen; c) aus Untersekunda: *Arthur Zorll* aus Tuchel, *Max Winckler* aus Langensalza, *Friedrich Hofmann* aus Cölleda, *Johannes Helbing* aus Königsfelde, *Otto Wenzel* aus Langensalza; d) aus Obertertia: *Johannes Leuckfeld* aus Cauldorf; e) aus Untertertia: *Hans Pritzel* aus Cottbus, *Wilhelm Eck* aus Berlin, *Heinrich Grunow* aus Berlin, *Ernst Richter* aus Kösen, *Thilo von Werthern* aus Schloß-Beichlingen, *Arthur Hobrecht* aus Frankfurt a/M., *Hugo Walter* aus Üchteritz bei Weißenfels.

E. Schülerverzeichnis*

(nach Ostern 1886)

Oberprima

Paul Allrich aus Bitterfeld. Inspektor. Famulus Adj. Wilmers.
Hugo Lorenz aus Mühlberg a/E. Insp. Fam. Dr. Schaefer.
Rudolf Jentsch aus Brehna. Insp.
Karl Klewitz aus Erfurt. Fam. Oberl. Kettner.
Adolf Krause aus Belgern. Insp. Fam. Dr. Henkel.
Johannes Volkmann aus Pforta. Extr. Rektor.
Richard Jahr aus Punkwitz. Insp. Fam. Hülfslehrer Flemming.
Adolf Tiersch aus Naumburg a/S. Insp. Fam. Prof. Buchbinder.
Albert Simon aus Düben. Insp. Fam. Prof. Witte.
Hubert Heger aus Kurzen-Trechow i. Mecklenb.-Schwerin. Insp. Fam. Rektor.
Martin Pickert aus Schroda. Insp.
Paul Vorbrodt aus Erfurt. Insp.
Hans Witte aus Pforta. Extr. Prof. Witte.

---

* Der Ortsname bezeichnet den jetzigen Wohnort der Eltern oder nächsten Angehörigen.

Thomas Hülbe aus Keitum. Insp. Fam. Oberl. Albracht.
Franz Fröhlich aus Breslau. Insp.
Moritz Bencke aus Schwanebeck. Insp. Fam. Prof. Sagorski.
Rudolf Schöpeinkel aus Burscheid. Insp Fam. Prof. Boehme.
Oswald Kübelstein aus Bibra. Insp.
Friedrich Boehme aus Pforta. Extr. Professor Boehme.
Max Ringleben aus Colleda.
Friedrich Buchbinder aus Pforta. Extr. Prof. Buchbinder.
Walter Schilling aus Suhl.
Walter Friedrich aus Langensalza.
Albert Vogel aus Nordhausen.
Gustav Worch aus Rammelburg. Fam. Prof. Bertram.

Unterprima

Max Morgenroth aus Crefeld.
Paul Schilling aus Suhl.
Otto Hoffmann aus Neusalz a/O.
Friedrich Engelhardt aus Naumburg a/S.
Arnold Afsmann aus Lüdenscheid. Extr. Prof. Haedicke.
Ferdinand Leo aus Halle a S.
Hans Kundt aus Merseburg. Fam. Dr. Hoffmann.
Kurt Gallus aus Sommerfeld. Fam. Professor Haedicke.
Dietrich Vorwerk aus Kösen.
Arthur Apitzsch aus Kösen.
Erich Ziebarth aus Göttingen.
Friedrich Lutze aus Niemegk.
Karl Gräbner aus Naumburg a/S.
Martin Brückner aus Friedersdorf.
Wilhelm Kittel aus Naumburg a/S.
Heinrich v. Marschall aus Erfurt.
Paul Kurze aus Halle a S.
Philipp Klose aus Halle a S.
Adelbert v. Chamisso aus Pforta. Semi-Extraneer.
Wilhelm Hansch aus Finsterwalde.
Friedrich Morgenroth aus Crefeld.
Hugo Einicke aus Elsterwerda.
Johannes Oelze aus Ziesar. Fam. Prof. Schreyer.
Max Schulze aus Liebenwerda.
Arthur Schmidt aus Rauden i Ober-Schl.
Ernst Richter aus Halle a/S.

Obersekunda

Paul Feistkorn aus Laucha a/U.
Max Kullrich aus Schlieben.

Albrecht Richter aus Kiekebusch.
Oskar Buddenbaum aus Münsterberg.
Erich Boehme aus Wiehe.
Maximilian Loesener aus Voigtstedt b Artern.
Martin Gröning aus Strausfurt.
Hermann Köster aus Frankfurt a M. Extr. Rektor.
Hans von Zedlitz-Neukirch auf Kynau i Schl.
Martin Howarth aus Ossig b Zeitz.
Hermann Kuckuck aus Züllichau.
Ernst Keller aus Naumburg a/S.
Fritz Magdeburg aus Potsdam.
Kurt Salemon aus Neuhaldensleben.
Hans Rittorff aus Belzig.
Georg Schulze aus Liebenwerda.
Theodor Beyer aus Leimbach b/Lodersleben.
Karl Deichmann aus Wittenberg.
Bernhard Werner aus Dresden.
Adolf Bienengräber aus Wernigerode.
Hermann Henckmann aus Roitzsch b. Bitterfeld.
Hermann Müller aus Görlitz.
Fritz Töpfer aus Kösen.
Hugo Beltz aus Langensalza.
Paul Hülsen aus Stechow.
Johannes Hennig aus Burgkemnitz.
Traugott Fittboyen aus Dahme.
Hermann Mekler aus Weimar.
Hugo v. Aster aus Dresden.
Johannes Ritter aus Hamburg. Extr. Prof. Witte.
Eberhard Bach aus Berlin.
Karl Hessmert aus Belgard in Pommern.
Karl Jungnickel aus Mühlberg a E.
Johannes Brückner aus Friedersdorf.
Amandus Schroth aus Oepitz.
Ernst Schreyer aus Pforta. Extr. Prof. Schreyer.

Untersekunda

Richard Tietze aus Spremberg.
Heinrich Peters aus Zörbig.
Otto Fleck aus Frankfurt a M.
Johannes Dammermann aus Verden a Aller.
Ernst Hertel aus Kösen.
Felix Busch aus Bukarest. Extr. Rektor.
Max Karbaum aus Delitzsch.
Ernst Ahrens aus Neinstedt b Thale.
Friedrich Wilcke aus Schkölen.
Walter Jacobi aus Weissenfels.
Hermann Rohrlack aus Dahme.
Tiberius Wiemann aus Eilenburg.
Wilhelm John aus Burgwenden.
Friedrich Rohrlantz aus Lötau.
Max Meyer aus Bitterfeld.

Otto v. *Wolfersdorff* aus Kloschwitz i. Sachsen.
Paul *Jahr* aus Hettstedt.
Wilhelm *Budde* aus Berlin.
Arthur *Brabandt* aus Annaburg.
Fedor *Sommerlatte* aus Muskau i/Schlesien.
Wilhelm *Bunck* aus Grofs-Santersleben.
Hermann *Gerstenberg* aus Stafsfurt.
Oskar *Ringleben* aus Colleda.
Rudolf *Posselt* aus Schmiedeberg.
Leopold *Witte* aus Pforta. Extr. Prof. Witte.
Hans von *Bülow* auf Zurawia Prov. Posen.
 Extr. Prof. Boehme.
Paul *Günther* aus Freiburg a. U.
Martin *Beyer* aus Leimbach b/Lodersleben.
Bogumil *Rocha* aus Vetschau.
Charles *Palmié* aus Berlin.
Richard *Volkmann* aus Pforta. Extr. Rektor.
Friedrich *Goebel* aus Kehdingbruch.
Erich *Schweitzay* aus Berlin.
Paul *Spiller* aus Charlottenburg.
Arthur *Rose* aus Delitzsch.
Gerhard *Bauch* aus Berlin.
Günther *Thiele* aus Mölln i/Lauenburg.
Erich *Rodig* aus Nieder-Horka.
Friedrich *Florin* aus Girkhausen.
Johannes *Jacobi* aus Weifsenfels.
Kurt *Schulze* aus Naumburg a/S.
Paul *Kretzschmar* aus Stenzig.
Max *Schönstedt* aus Berlin.
Hans *Graf v. d. Schulenburg* aus Naumburg a/S.
Otto *Müller* aus Bennstedt.
Wilhelm *Perizonius* aus Schapen.

Obertertia

Richard *Schöne* aus Düben.
Franz *Schmidt* aus Laucha a/U.
Traugott *Hansen* aus Neu-Ruppin.
Otto *Weineck* aus Lübben.
Alfred *Schmidt* aus Teuchern.
Walter *Frommann* aus Wien. Extr. Rektor.
Heinrich *Simon* aus Lotte i/Westfalen.
Oskar *Mehlifs* aus Weifsenfels.
Edwin *Kneuse* aus Grofskainsdorf.
Hans *Magdeburg* aus Potsdam.
Ernst *Ritter* aus Lubasch.
Kurt *Schröder* aus Berlin.
Kurt v. *Wallenrodt* aus Liegnitz.
Arno *Ziegler* aus Waltersdorf Kreis Weifsensee.
Victor *Keller* aus Limburg a. d. Lahn.
Fritz *Heyer* aus Halle a/S.
Arthur *Buddenbaum* aus Münsterberg i/Schl.
Erich *Echternach* aus Nidden. O.-Pr.

Ernst *Grimm* aus Tönisheide.
Alfred *Gebauer* aus Querfurt.
Wilhelm *Knauer* aus Herzberg.
Otto *Venediger* aus Weifsenfels.
Karl *Thrünhart* aus Naumburg a/S.
Erich *Bandke* aus Trebnitz.
Ferdinand *Diethold* aus Vesta b/Dürrenberg.
Dietrich *Volkmann* aus Pforta. Extr. Rektor.
Johannes *Engel* aus Pforta.
Fritz *Urban* aus Berlin.
Johannes *Roever* aus Clettenberg.
Constantin v. *Stechow* aus Berlin.
Werner *Schwarz* aus Duderstadt.
Matthias *Richter* aus Kiekebusch.
Hermann *Kulkoff* aus Colleda.
Karl *Böttcher* aus Gerbstedt.
Friedrich *Endres* aus Seelbach.

Untertertia

Karl *Koch* aus Kösen.
Gerhard v. *Mutius* aus Altwasser i/Schl. Extr.
 Prof. Boehme.
Erich *Berger* aus Breslau.
Alfred *Lehmann* aus Kösen.
Wilhelm *Möller* aus Holdenstedt b/Eisleben.
Hans *Graf Harrach* aus Tiefhartmannsdorf
 i/Schl. Extr. Prof. Boehme.
Werner *Jaeger* aus Pforta. Semi-Extraneer.
Lebrecht *Glum* aus Boppard.
Paul *Grun* aus Liegnitz.
Johannes *Knopf* aus Ranis.
Emil *Roloff* aus Schwauebeck.
Kurt *Fischer* aus Lennep.
Max *Breslau* aus Eisenach.
Wilhelm *Dumas* aus Leipzig. Extr. Prof.
 Haedicke.
Emil *Tempel* aus Oschersleben.
Otto *Munckel* aus Naumburg a/S.
Gottfried *Keil* aus Siegen.
Rudolf *Kühnen* aus Château d'Habaru i/Belgien.
 Extr. Rektor.
Walther *Zimmermann* aus Pforta. Semi-Extr.
Karl *Meyer* aus Scharmbeck.
Conrad *Hoffmann* aus Hayna.
Max *Vater* aus Delitzsch.
Paul *Engel* aus Dieskau.
Martell *Spatz* aus Freyimfelde b/Halle a/S.
Max *Klein* aus Weifsenfels.
Martin *Seume* aus Bitterfeld.
Ernst *Marshall* aus Leipzig. Extr. Rektor.
Johannes *Aders* aus Neustadt-Magdeburg.
 Extr. Prof. Witte.

Willy Ehrig aus Eilenburg. *Albert Meye* aus Pforta. Semi-Extraneer.
Erich Schlegel aus Berlin. Extr. Prof. Haedicke. *Karl Cherubim* aus Plossig b. Prettin.
Otto Hoffmann aus Durchwehna. *Hans Ebers* aus Leipzig. Extr. Prof. Boehme.
Karl Engel aus Pforta. Semi-Extraneer. *Max Schubert* aus Delitzsch.
Erich Bertram aus Pforta. Extr. Prof. Bertram.

V. Sammlungen von Lehrmitteln

A. Die Hauptbibliothek

1. Geschenke:

Vom Kgl. Ministerium der geistlichen, Unterrichts- und Medizinal-Angelegenheiten: Zeitschrift für Numismatik. Redig. von A. v. Sallet. Bd. XIII. Berlin 1885. — Librorum veteris testamenti canonicorum pars prior Graece Pauli de Lagarde studio et sumptibus edita. Gottingae 1883. — Fleischer, O., Denis Gaultier. Leipzig 1886. — Das aegyptische Todtenbuch der XVI. bis XX. Dynastie. Herausgeg. von E. Naville. Bd. I. II. Berlin 1886. — *Von der histor. Kommission der Provinz Sachsen:* Hertel, G., Die Gegenreformation in Magdeburg. (Neujahrsblätter Heft 10) Halle 1886. — *Von Herrn Gymnasiallehrer Dr. Beucke in Berlin:* Beucke, K., Die geodätischen Linien und die als geodätische Ellipsen und Hyperbeln betrachteten Krümmungskurven auf dem dreiachsigen Ellipsoid. Halle 1885. — *Von Herrn Dr. Buchholz in Duisburg:* Buchholz, P., Pflanzengeographie. Leipzig 1885. — Ders., Tiergeographie. Leipzig 1886. — *Von Herrn Lic. theol. Dr. Buddensieg in Dresden:* Buddensieg, R., Johann Wiclif und seine Zeit. Gotha 1885. — Loserth, J., Hus und Wiclif. Prag und Leipzig 1884. — *Von Herrn Dr. Fischer in Brieg:* Fischer, A., Das hohe Lied des Brun von Schonebeck nach Sprache und Composition untersucht und in Proben mitgeteilt. Breslau 1886. — *Von Herrn Professor Dr. Gildemeister in Bonn:* Eine ältere Pförtner Gelegenheitsschrift. — *Von Herrn Gymnasialdirektor a. D. Dr. Imhof in Ilmenau:* Statius Lied von Theben. Deutsch von A. Imhof. Ilmenau und Leipzig 1885. — *Von Herrn Dr. Kallenberg in Berlin:* Herodotus ed. Dietsch. Ed. alt. cur. H. Kallenberg. Lipsiae 1885. — *Von Herrn Pastor emer. Dr. Kreyssig in Niederlöfsnitz:* Anderweiter Nachtrag zum Bittcherschen Pförtner-Album. Manuskript. — *Vom Herrn Dr. Lorenz in Sangerhausen:* Lorenz, H., Die Annalen von Hersfeld. Leipzig 1885. — *Von Herrn Professor Dr. Pfüfs in Basel:* Maehly, J., Satura. Wissenschaftliche Beilage zum Bericht über das Gymnasium. Basel 1886. — *Von Herrn Konsistorialrat Prof. Dr. E. Ranke in Marburg a. L.:* Ranke, E., Munusculum literarium. Marburgi 1885. — Ders., Lateinisches Gedicht zur 3. Säcularfeier der Universität Edinburg. — Ders., Festgabe zum neunzigsten Geburtstag Leopolds von Ranke. Marburg 1885. — Ders., De laude nivis. Epistola iocosa seria, qua Carolo Julio Caesar gratulatus est. Marburgi 1886. — *Von Herrn Professor Dr. Schmidt, Direktor des Goethe-Archivs in Weimar:* Schmidt, E., Lessing. Bd. II, Abt. 1. Berlin 1886. — *Von Herrn Professor Dr. Sickel in Marburg a. L.:* Sickel, W., Geschichte der deutschen Staatsverfassung. Abt. 1. Halle 1879. — *Von Herrn Dr. Toeche in Berlin:* Leopold von Ranke an seinem neunzigsten Geburtstage 21. Dezember 1885. Ansprachen und Zuschriften gesammelt von Th. Toeche. Berlin 1886. — *Von Herrn Professor Dr. A. Weber in Berlin:* Vorschriften für Schüler der Königl. Sächsischen Landesschule in Pforte. Weifsenfels 1809. — *Von Herrn Professor Dr. Wunder in Grimma:* Ecce gehalten in der Königlichen Landesschule zu Grimma von H. Wunder. VIII. Heft. Grimma 1885. — *Von Herrn Professor Dr. Zimmer in Königsberg i. Pr.:* Zimmer, F., Der Verfall des Kantoren- und Organisten-Amtes in der evang. Landeskirche Preufsens. Quedlinburg 1885.

2. Anschaffungen:

Allgemeine Encyklopädie, herausgeg. von Ersch und Gruber. Zweite Sektion. Herausgeg. von A. Leskien. T. 37. 38. Leipzig 1885. — Geschichte der Wissenschaften in Deutschland.

Bd. XX: v. Wegele, F., Geschichte der deutschen Historiographie. München u. Leipzig 1885. — Lexicon Homericum ed. H. Ebeling. Vol. 1, fasc. 17—21. Lipsiae 1885. — Buchholz, E., Die homerischen Realien. Bd. III, Abt. 2. Leipzig 1885. — Ludwich, A., Aristarchs homerische Textkritik. T. II. Leipzig 1885. — Comicorum Atticorum fragmenta. Ed. Th. Kock. Vol. II. Lipsiae 1884. — Catulli Veronensis liber. Rec. Aem. Bährens. Vol. II. Lipsiae 1885. — A. Gellii Noctium Atticarum libri XX ex rec. M. Hertz. Vol. II. Berolini 1885. — Corpus inscriptionum Latinarum. Vol. VI, p. 5. Berolini 1885. — Ephemeris epigraphica. Vol. VI. Romae Berolini 1885. — Sittl, K., Geschichte der griechischen Literatur bis auf Alexander d. Gr. T. II. München 1886. — Gelzer, H., Sextus Julius Africanus und die byzantinische Chronographie. T. II, Abt. 1. Leipzig 1885. — Roscher, W. H., Ausführliches Lexikon der griechischen und römischen Mythologie. Lf. 4—8. Leipzig 1884. 85. — Gilbert, G., Handbuch der griechischen Staatsaltertümer. Bd. II. Leipzig 1885. — Curtius und Kaupert, Karten von Attika. Heft 3. Berlin 1884. — Jordan, H., Topographie der Stadt Rom im Alterthum. Bd. I, Abt. 2. Berlin 1885. — Bergk, Th., Kleine philologische Schriften. Herausgeg. von R. Peppmüller. Bd. II. Halle 1886. — Bernays, J., Gesammelte Aufsätze. Herausgeg. von H. Usener. Bd. I. II. Berlin 1885. — Philologische Untersuchungen, herausgeg. von A. Kiefsling u. U. v. Wilamowitz-Moellendorff. Heft 8: Quaestiones Phaethonteae. Scrips. G. Knaack. Berlin 1886. — Annali dell' instituto di corrispondenza archeologica. Vol. LVI. Roma, Berlino 1884. — Bullettino dell' instituto cet. per l'anno 1884. Roma, Berlino 1884. — Monumenti dell' instituto cet. Vol. XII, tav. 1—12. — Oncken, W., Allgemeine Geschichte in Einzeldarstellungen. Abt. 94—112. Berlin 1885. 86. — v. Ranke, L., Weltgeschichte. T. VI. Leipzig 1885. — Busolt, G., Griechische Geschichte. T. I. Gotha 1885. — Mommsen, Th., Römische Geschichte. Bd. V. Berlin 1885. — Monumenta Germaniae historica: Auctorum antiquissimorum tom. VII. Berol. 1885. Scriptorum rerum Meroving. tom. I, p. 2. Hannoverae 1885. — Geschichtschreiber der deutschen Vorzeit. Lf. 73—77. Leipzig 1885. — Deutsche Reichstagsakten. Bd. V, Abt. 2, herausgeg. von J. Weizsäcker. Gotha 1885. — Waitz, G., Deutsche Verfassungsgeschichte. Bd. IV, Abt. 2. 2. Aufl. Berlin 1885. — Baumgarten, H., Geschichte Karls V. Bd. I. Stuttgart 1885. — Publicationen aus den K. Preufsischen Staatsarchiven. Bd. XXIV—XXVI. Leipzig 1885. — Politische Correspondenz Friedrichs d. Gr. Bd. XIII. Berlin 1885. — Droysen, J. G., Geschichte der preufsischen Politik. T. V. Friedr. d. Gr. Bd. IV. Leipzig 1886. — Gerstenberg, C., Index zum ersten bis vierten Theil der Geschichte der preufsischen Politik von J. G. Droysen. Leipzig 1876. — Geschichtsquellen der Provinz Sachsen. Bd. XVII, 2. XXI. Halle 1885. 86. — Beschreibende Darstellung der älteren Bau- und Kunst-Denkmäler der Provinz Sachsen. Heft 10. Halle 1885. — Codex diplomaticus Saxoniae regiae. Zweiter Haupttheil, Bd. XII. Leipzig 1883. — v. Heinemann, O., Geschichte von Braunschweig und Haunover. Bd. II. Gotha 1886. — Huber, A., Geschichte Oesterreichs. Bd. II. Gotha 1885. — Allgem. deutsche Biographie. Lf. 101—110. Leipzig 1885. — Wenzelburger, K. Th., Geschichte der Niederlande. Bd. II. Gotha 1886. — Jahresberichte der Geschichtswissenschaft. Jhg. IV. 1881. Berlin 1885. — Publication 168—175 des litterarischen Vereins in Stuttgart. Tübingen 1884. 85. — Herders sämmtliche Werke. Herausgeg. von B. Suphan. Bd. 23. 25. Berlin 1885. — Haym, R., Herder nach seinem Leben und seinen Werken. Bd. II. Berlin 1885. — Goethe-Jahrbuch. Herausgeg. von L. Geiger. Bd. VI. Frankfurt a. M. 1885. — Braun, J. W., Goethe im Urtheile seiner Zeitgenossen. 1802—1812. Berlin 1885. — Grimm, J. u. W., Deutsches Wörterbuch. Bd. VI, Lf. 14. 15. Bd. VII, Lf. 6. 7. Leipzig 1885. — Corpus scriptorum eccl. Lat. Vol. IX: Eugippii excerpta rec. P. Knoell. Vol. X: Sedulii opera rec. J. Huemer. Vol. XI: Claudiani Mamerti opera rec. A. Engelbrecht. Vol. XIII: Johannis Cassiani opera. Pars II. Rec. M. Petschenig. Vindobonae 1885. 86. — Corpus reformatorum. Vol. LVII. LVIII: Jo. Calvini opera. Vol. XXIX. XXX. Edd. Baum, Cunitz, Reuss. Brunsvigae 1885. 86. — D. Martin Luthers Werke. Kritische Gesammtausgabe. Bd. III. Weimar 1885. — Real-Encyklopädie für protestantische Theologie und Kirche. 2. Aufl., beg. von J. J. Herzog und G. L. Plitt, fortgeführt von A. Hauck. Heft 149—160. Leipzig 1885. — Verhandlungen der Direktoren-Versammlungen in den Provinzen des Königreichs Preufsen seit dem Jahre 1879. Bd. XVII—XXII. Berlin 1885. — Leunis, J., Synopsis der drei Naturreiche. T. II: Botanik. 3. Aufl. von A. B. Frank. Bd. II. — T. I: Zoologie. 3. Aufl. von H. Ludwig. Bd. II,

Abt. 2. Hannover 1885. 86. — Lion, J. C., Die Turnübungen des gemischten Sprunges. Leipzig 1875. — Wafsmannsdorff, K., Die Ordnungsübungen des deutschen Schulturnens. Frankfurt a. M. 1868. — Philosophische und historische Abhandlungen der Kgl. Akademie d. Wissenschaften zu Berlin. Aus dem Jahre 1884. Berlin 1885. — Abhandlungen der philos.-philol. Classe d. Kgl. Bayer. Akad. d. Wiss. Bd. XVII, Abt. 1. 2. München 1885. — Berichte über die Verhandlungen d. Kgl. Sächs. Ges. d. Wiss. zu Leipzig. Philol.-histor. Classe. 1885. Leipzig 1885. — Leipziger Studien zur klassischen Philologie. Bd. VIII, H. 1. Leipzig 1885. — Wiener Studien. Jhg. 1885. — Rheinisches Museum für Philologie. Jhg. 1885. — Hermes. Jhg. 1885. — Philologus. Jhg. 1885. — Philologischer Anzeiger. Jhg. 1885. — Neue Jahrbücher für Philol. und Pädag. Jhg. 1885. — Jahresbericht über die Fortschritte der klassischen Alterthumswissenschaft. Jhg. 1885. — Zeitschrift für das Gymnasialwesen. Jhg. 1885. — Zeitschrift für vergleichende Sprachforschung. Jhg. 1885. — Archiv für latein. Lexikographie und Grammatik. Jhg. 1885. — Archäologische Zeitung. Jhg. 1885. — Historische Zeitschrift. Jhg. 1885. — Forschungen zur deutschen Geschichte. Jhg. 1885. — Neues Archiv der Gesellschaft für ältere deutsche Geschichtskunde. Jhg. 1885 und Gesammtregister von Bd. I—X von C. Rodenberg. — Geschichtsblätter für Stadt und Land Magdeburg. Jhg. 1885. — Archiv für Litteraturgeschichte. Jhg. 1885. -- Germania, Vierteljahrsschrift für deutsche Alterthumskunde. Jhg. 1885. — Journal für reine und angewandte Mathematik. Jhg. 1885. — Annalen der Physik und Chemie nebst Beiblättern. Jhg. 1885. — Centralblatt für die preufsische Unterrichtsverwaltung. Jhg. 1885. — Jahrbuch des Vereins für wissenschaftliche Pädagogik. Jhg. 1885 und Erläuterungen zum Jahrbuch (XV. Jhg. 1883. XVI. Jhg. 1884). Leipzig 1884. 85. — Centralblatt für Bibliothekswesen. Jhg. 1885. — Monatsschrift für das Turnwesen. Jhg. 1885.

B. Die Schülerbibliothek

1. Geschenke:

Von der historischen Kommission der Provinz Sachsen: Hertel, G., Die Gegenreformation in Magdeburg. — *Von Herrn Rechtsanwalt Dr. H. Blum in Leipzig:* Blum H., Herzog Bernhard, eine Geschichte vom Oberrhein aus d. J. 1638—39. — *Von dem Abiturienten Cosle:* Scott W., Waverley; Guy Mannering; Quentin Durward. — Talisman; Swift J., Gullivers Reisen, bearb. v. Hoffmann. — Plitzer G., Geschichte Alexanders d. Gr. — *Von dem Abiturienten Joachim:* Grube, geographische Charakterbilder des deutschen Landes u. Lebens, 3 Bde. — Nachtigall G., Sahara u. Sudan, Ergebnisse sechsjähriger Reisen in Nordafrika. I. Teil. Berlin 79. — Vámbéry H., Reise in Mittelasien nach Chiwa, Bochara u. Samarkand. Leipzig 73. -- Brandstäter F., Danziger Sagenbuch. Danzig 83. — Scott W., Waverley obers. v. Tschischwitz. Berlin 77. — De la Motte-Fouqué, der Zauberring, Braunschweig 65.

2. Anschaffungen:

Klapp, M., Rosenkranz und Güldenstern, Lustspiel in 4 Akten. Wien 1885. — Henne am Rhyn, O., Kulturgeschichte des deutschen Volkes. I. Abt. mit 29 Beilagen und 110 Abbildungen. Berlin 1886. — Förster, Dr. B., Deutsche Colonien in dem oberen Laplata-Gebiete mit besonderer Berücksichtigung von Paraguay. Naumburg a. S. 1886. — Ule, O., Die Erde und die Erscheinungen ihrer Oberfläche, 2 Teile. Leipzig 1874. — Richter, A., Bilder aus dem deutschen Ritterleben. 2. Tl. Düsseldorf. — Waegner, W., Unsere Vorzeit. 2 Bde. Leipzig 1881. — Erler, Deutsche Geschichte. 3 Bde. Leipzig 1884. — Heims, G., Unter der Kriegsflagge des deutschen Reiches. Leipzig 1884. — Heims, G., Kreuzerfahrten in Ost und West. Leipzig 1886. — Wolff, J., Der Sülfmeister. Berlin 1883. — Werner, R., Berühmte Seeleute des XVII. Jahrhunderts. Berlin 1882. — Dahlmann, F. C., Geschichte der englischen Revolution. 5. Aufl. Berlin 1864. — Jachns, M., Rofs und Reiter in Leben und Sprache, Glauben und Geschichte der Deutschen. 2 Bde. Leipzig 1872. — Redwitz, O. v., Haus Wartenberg. Berlin 1884. — Steinhausen, H., Irmela. Leipzig 1883. — Werner, R., Der Peter von Danzig. Berlin 1883. — Bulwer, Die letzten Tage von Pompeji, bearb. von Höcker.

Berlin 1884. — Boz-Dickens, Zwei Städte. Leipzig. — Brand, Heinrich von Brabandt. — Brand, In Lehnspflicht. 1885. — Köppen, F. v., Fürst Bismarck. Leipzig 1879. — Voigt, H., Das Buch vom deutschen Heere. Leipzig 1886. — Höcker, O. Das Ahnenschlofs, 4 Teile. — Pantenius, Th., Die von Kelles. Leipzig 1885. — Gottschall, R., Der neue Plutarch. Fortsetzung. Band 6 u. ff. — Gregorovius, F., Die Grabmäler der römischen Päpste. — Koch, Hermann von Salza. Leipzig 1886. — Höcker, O., Im Reiche der Mitte. Berlin 1881. — Sterne Carus, Werden u. Vergehen. Berlin 1880. — Höcker, O., Unter dem Joche der Caesaren. Berlin 1882. — Zoeller, Der schwarze Erdteil. Stuttgart 1885. — Löher, F. v., Cypern. Stuttgart 1878. — Stein, A., Kaiser und Kurfürst. Halle 1885. — Kugler, F., Geschichte Friedrichs des Grofsen, illustr. Leipzig 1875. — Leixner, O. v., III. Geschichte der fremden Litteraturen. 2 Bde. Leipzig 1886.

C. Das physikalische Kabinet

Ein Markscheider-Kompafs mit Tasche (Geschenk des *Herrn Sanitätsrat Dr. Wahn in Küsen*. — Fortsetzungen der Zeitschriften von Schlömilch, Klein (Ilcis), Hoffmann, des Jahrbuchs über die Fortschritte der mathematischen Wissenschaften von Ohrtmann; Ladenburg, Handwörterbuch der Chemie II., Dubring, neue Grundmittel zur Analysis; 1 Radiometer; 1 Anreger zur Influenzmaschine; 4 Kupferoxydelemente.

D. Das naturhistorische Kabinet

1. Geschenke:

Von dem Direktor des Königlichen Mineralogischen Museums zu Berlin, Herrn Geheimen Bergrat Professor Dr. Beyrich: eine gröfsere Anzahl teilweise wertvoller Versteinerungen. — *Von Herrn Prof. Dr. Buchbinder:* Vervollständigung einer Sammlung von Korallen und Muscheln und verschiedene Mineralien. — *Von dem Untersekundaner Deichmann:* Eine Kollektion von Karlsbader Sprudelsteinen. — *Von dem Abiturienten Hämmerling:* Metamorphose des Coloradokäfers. — *Von dem Abiturienten Hermann Joachim:* Eine Sammlung von getrockneten Alpenpflanzen. — *Von Herrn Kapitän Paul Neubaur in Elsfleth:* Eine Kollektion von Schlangen in Spiritus.

2. Anschaffungen:

Schädel von Erinaceus europaeus, Sciurus vulgaris, Dasypus 9-cinctus; Geweih von cervus tarandus. — Skelett von Macropus Benetti, Psittacus erithacus. — Backe von Balaena mysticetus. — Metamorphose von Lucanus cervus. Ausgestopft: Mustela foina, Arvicola amphibius, Lemnus norwegicus, Mus rattus, Perca fluviatilis, Scorpaena scrofa, Hippocampus brevirostris, Rana temporaria, Rana esculenta, Bufo cinereus, Bufo variabilis, Loxia curvirostra, Orthagoriscus mola, Pteropus edulis, Herpestes Ichneumon, Myoxus glis, Dasypus 9-cinctus, Macropus Derbyi, Echidna hystrix, Buceros rhinoceros, Vultur fulvus, Haliaetus albicilla, Putorius Erminea, Ciconia alba, Alligator mississippiensis, Diodon hystrix, Lophius piscatorius, Erinaceus europaeus. — Die mineralogische Sammlung wurde durch circa 20 seltene Mineralien in besonders schönen Schaustücken und durch eine Sammlung von Edelstein-Imitationen ergänzt.

E. Die Wandkarten-Sammlung

H. Kiepert, Physikalische Landkarte von Europa. — Habenicht, Spezialkarte von Afrika. — Reliefkarte von Jerusalem.

F. Der Zeichen-Apparat

Kolb, Ornamentenschatz. Lfg. 14—17. — Zeitschrift des Vereins deutscher Zeichenlehrer, XII., XIII. 1885/86. — Zeichenhalle, Organ des Vereins zur Förderung des Zeichenunterrichts, Jhg.: XXI., XXII. — Engelhorn, Flachornamente. — Schoop, Italienische Flachornamente. —

Wunderlich, Geschichte der Methodik des Zeichenunterrichts. — Wendler, Elementare Gipsmodelle (12 Stück). Elementare Blütenformen (4 Stück).
Das Königliche Ministerium der öffentlichen Arbeiten hat der Landesschule die Fortsetzung der Zeitschrift für das Bauwesen, Jhg. 1885, hochgeneigtest zugewendet.

VI. Stiftungen und Unterstützungen

An besonderen Benefizien wurden gewährt:

a) an Schüler:

1. Erlafs der Schulkassenbeiträge:
   - im I. Quartal an 43 Schüler . . . . 387.00 Mk.
   - „ II. „ „ 44 „ . . . . 400.50 „
   - „ III. „ „ 44 „ . . . . 396.00 „
   - „ IV. „ „ 44 „ . . . . 396.00 „
2. Unterstützungen aus der Hülfskasse an 10 Schüler à 30 Mk. = . . . 300.00 „
3. Unterstützungen aus der Jacobi-Stiftung an 4 Schüler à 30 Mk. . . . 120.00 „
4. Verleihung des Baldamus-Stipendiums an einen Primaner . . . . . 600.00 „
5. Reiseunterstützungen zu den Sommerferien
   - aus der Schulkasse . . . . 300.00 „
   - aus der Hülfskasse . . . . 100.00 „
   - aus der Jacobi-Stiftung . . . . 18.00 „
6. Reiseunterstützungen zu den Weihnachtsferien:
   - aus der Schulkasse . . . . 350.00 „
   - aus der Hülfskasse . . . . 87.00 „
   - aus der Jacobi-Stiftung . . . . 20.00 „
7. Reiseunterstützungen zu den Osterferien 1886 (s. Seite XV.)
   - aus der Schulkasse . . . . 300.00 „
   - aus der Hülfskasse . . . . 110.00 „
8. Erlafs der Abgangsgebühren an 4 Schüler à 31,25 Mk. = ... 125.00 „

Summa 4009.50 Mk.

b) an Studierende:

1. Kaiser-Wilhelm-Stipendien an 4 Studierende der Theologie à 300 Mk. = 1200.00 Mk.
2. 4 Königliche Stipendien à 150 Mk. = ... 600.00 „
3. Kurfürst-Moritz-Stipendien an 4 Studierende in Leipzig à 101,17 Mk. = 404.68 „
   - desgl. an 3 Studierende in Leipzig à 134,89 Mk. resp. 90 = ... 404.68 „
4. Ilgen-Stipendium an 2 Studierende in Leipzig à 42,00 Mk. = ... 84.00 „
5. Keil-Stipendium an 1 Studierenden . . . . 192.00 „
6. Steinhart-Stipendium an 1 Studierenden der Philologie . . . . . . 99.00 „
7. Koberstein-Stipendium an 1 Studierenden der deutschen Philologie . 150.00 „
8. Gotschow-Stipendium an 1 Studierenden . . . . 120.00 „

Summa 3254.36 Mk.

VII. Ordnung der Schulfeier am 21. Mai

Vormittags 8 Uhr Gottesdienst in der Kirche. Um 10½ Uhr Aktus in der Aula. Es werden vortragen:

aus Untertertia: *Gerhard von Mutius*: Ebert, Schwerting der Sachsenherzog;
aus Obertertia: *Edwin Kneuse*: Bäfsler, Der Skieläufer;
aus Untersekunda I: *Friedrich Wilcke*: Tegnér, Frithjof auf dem Grabhügel seines Vaters;
aus Untersekunda II: *Richard Tietze*: Goethe, Die Ballade vom vertriebenen und zurückkehrenden Grafen;
aus Obersekunda: *Martin Grüning*: Elsäfsische Sage (eigener poetischer Versuch);
aus Prima: *Hans Kundt* und *Erich Ziebarth*: Racine, Andromaque I, 4;
Paul Allrich: Cur Romani aliorum populorum libertate sublata suam tueri non potuerint (latein. Rede);
Hubert Heyer: Deutsche Rede über Viktor von Scheffel;
Thomas Hübbe: Bruma Portensis (latein. Distichen).

Hierauf Prämienverteilung und Schlufswort.

Zu dieser Feier beehre ich mich im Namen des Lehrerkollegiums alle Gönner und Freunde der Anstalt, insbesondere die Herren Beamten derselben, ganz ergebenst einzuladen.

Der Rektor
D. Volkmann.

Kampf und Kampfschilderung bei Homer.

Ein Beitrag zu den Kriegsaltertümern

von

Dr. **Franz Albracht**,
Oberlehrer.

(Beilage zum Jahresbericht der Königl. Landesschule Pforta 1886)

Naumburg a. S.
Druck von H. Sieling.

Eine zusammenfassende Darstellung der Schlachten und Kämpfe im heroischen Zeitalter, auf Grund ihrer Schilderung in den Gesängen Homers, lediglich vom taktischen Gesichtspunkte aus, wie ich sie im nachfolgenden zu geben versuchen will, darf, wenn sie auch nicht in allen einzelnen Punkten etwas ganz neues bringt, doch vielleicht hoffen, als ein neuer Beitrag zu den Kriegsaltertümern zu gelten, weil sie die Einzelheiten, zum teil in anderer Auffassung, zu einem Gesamtbilde zusammenfassen und einen Überblick über den Stand kriegerischer Ausbildung im heroischen Zeitalter ermöglichen will. Sie wird vielleicht auch einem weiteren Kreise von Freunden und Erklärern des Dichters willkommen sein, wenn es ihr gelingt, von dem einseitigen Standpunkte der Betrachtung aus auf einige Stellen des Epos ein anderes, wie ich wünsche richtigeres, Licht zu werfen, oder auch nur bei einigen auf diesem Gebiete uns entgegentretenden Fragen den Anstofs zu geben zu einer erneuten und genaueren Prüfung, als ihnen bisher, einigen schon wiederholt, zu teil geworden ist. Denn zu allen Zeiten hat Homer für das Generalstabswerk der heroischen Taktik gegolten, in dem die Summe alles militärischen Wissens der griechischen Heldenzeit niedergelegt sei; aus dem man nicht blofs historische, sondern auch taktisch verwertbare Kenntnisse schöpfen könne, und jeder, der sich für die Geschichte des Kriegswesens interessierte, griff naturgemäfs zu den ältesten schriftlichen Aufzeichnungen darüber, zu den Gesängen Homers (vgl. Köpke, über das Kriegswesen der Griechen im heroischen Zeitalter, Einleitung). Die Auffassung aber, welche die Taktik, wie sie uns in der Ilias entgegentritt, bisher gefunden hat, ist, wie ich glaube, in einigen nicht ganz unwesentlichen Punkten eine unrichtige. Köpke, der zuerst und am eingehendsten diese Frage behandelt hat, geht einerseits, z. B. in Bezug auf Verwendung von Wagenkämpfern, viel zu weit, während er andererseits der bereits vorhandenen taktischen Kunst in seiner Darstellung derselben (pag. 215 ff.) nicht gerecht wird. Friedreich, die Realien in der Iliade und Odyssee, folgt genau Köpke's Auffassung, häufig, auch ohne ihn zu nennen, seinem Wortlaute, und auch der kurze summarische Überblick in der Geschichte des griechischen Kriegswesens von Köchly und Rüstow (pag. 1—7) enthält manches, was mit den Schilderungen des Epos nicht im Einklange steht. Der treffliche Aufsatz von Jähns, die Entwickelung des altgriechischen Kriegswesens, Grenzboten 1878, behandelt absichtlich diese älteste Periode nur sehr kurz, und auch durch die neuesten Untersuchungen von Buchholz im zweiten Bande seiner Realien (pag. 303 ff.) halte ich die vorliegende Frage keineswegs für abgeschlossen oder wesentlich gefördert, wenn anders wir das zur Grundlage der Betrachtung machen wollen, was im Epos selber steht.

Am sorgfältigsten und genauesten ist bisher die Frage nach der Bewaffnung im heroischen Zeitalter untersucht worden, wofür ich aufser den genannten Arbeiten noch erwähne: Hopf, das Kriegswesen im heroischen Zeitalter nach Homer, Programm von Hamm 1847 und 1858. Ich kann dieselbe völlig aus dem Kreise meiner Untersuchung fortlassen, weil ich sie, besonders nach der vortrefflichen Arbeit von Helbig, ‚das homerische Epos aus den Denkmälern erläutert' für abgeschlossen ansehen mufs. Aber gerade das Resultat dieser über die Ausrüstung geführten Untersuchungen, das Jähns a. O. in den Worten zusammenfafst: „So gewährt der Krieg um Ilion in taktischer und poliorketischer Hinsicht noch ein Bild grofser Ursprünglichkeit, das weit abweicht von dem, welches die höheren Entwickelungsstufen der griechischen Kriegskunst darbieten; in bezug auf die Bewaffnung dagegen steht merkwürdigerweise schon in dieser Frühzeit alles Wesentliche fest, was — abgesehen von dem spät-hellenischen Geschützwesen — in der Folgezeit Geltung gehabt', scheint mir von vornherein noch zu einigen Bedenken Veranlassung zu geben. Denn die Fortschritte in der Bewaffnung und Ausrüstung, meine ich, können von denen in der Verwendung dieser Waffen nicht so vollständig getrennt werden. Beide gehen vielmehr zu allen Zeiten Hand in Hand, hängen von einander ab oder folgen einander in kurzen Zeiträumen. Auch das Epos selbst giebt der Auffassung von dem engen Zusammenhange der Bewaffnung mit der Fechtart Ausdruck, wenn es von den Lokrern, die noch nicht mit Schild und Speer, sondern nur mit dem Bogen bewaffnet sind, berichtet, N 712—722, dafs sie deshalb nicht für die $\sigma\tau\alpha\delta i\eta$ $\mu\acute{\alpha}\chi\eta$ tauglich seien. Sie stehen noch auf dem alten Standpunkte, der ein eigentliches Ringen zwischen Massen nicht möglich erscheinen liefs, und kämpfen, sowie ihre Bewaffnung es fordert, nur aus der Ferne. Finden wir nun daneben die anderen Völkerschaften im grofsen und ganzen, wenn auch keineswegs gleichmäfsig, mit Helm, Schild, Panzer, Beinschienen, Schwert und Lanze bewaffnet, wie in der späteren Zeit ausgebildeterer Taktik, so hat doch von vornherein die Ansicht eine gewisse Wahrscheinlichkeit für sich, dafs wenigstens die Anfänge einer Kriegskunst, welche die schwere Bewaffnung der Massen, nicht blofs einzelner hervorragender Führer und Helden, auch zur Geltung kommen liefs, d. i. also der Kunst der Verwendung ganzer Massen im Gefecht, sich bereits im homerischen Zeitalter vorfinden. Ferner werden die Kämpfe, welche uns das Epos schildert, schon nicht mehr in erster Linie um den Preis der Heldentugend und Tapferkeit geführt, sondern um den Sieg, der aufser Ehre und Ruhm auch wieder Ruhe und Frieden verschafft. Die Zeit, in welcher die Heldenlieder der Ilias gesungen wurden, weist schon eine hervorragende Kulturentwickelung auf; ihr war schon eine bedeutende kriegerische Epoche vorausgegangen, die ebenso zu der Vervollkommnung der Waffen, wie zu der Wertschätzung einer geordneten Kampfesweise und einer Verwendung der Kräfte, die man in den Massen befass, geführt hatte. Weil den homerischen Helden der Kampf nicht mehr Selbstzweck, sondern wesentlich Mittel zum Zwecke ist und oft schon recht lästig empfunden wird (vergl. Helbig a. O. pag. 294—295, Duncker, Geschichte des Altertums III pag. 270), weil ihnen nicht mehr das blofse Dreinschlagen, das Erlegen des Gegners Freude macht, weil sie uns in einem lange geplanten, sorgfältig vorbereiteten, in fernem Lande geführten Kriege entgegentreten, weil sie den Wert einer feineren Civilisation und höheren Kultur schon schätzen gelernt haben, weil auch das blofse Verlangen nach reicher Beute nicht mehr Motiv des Krieges ist, darum mufste man schon begonnen haben, auf Mittel zu schneller Erzwingung des Erfolges zu sinnen, auf eine kunstvollere Kriegsführung mit Vervollkommnung der Waffen und Ausnutzung der Massenkraft bedacht zu sein. Und dafs thatsächlich keine ganz geringe Summe taktischer Kenntnisse und Kunstgriffe den im Epos geschilderten Kampfsscenen zu grunde liegt, wird, hoffe ich, eine genauere Betrachtung derselben erweisen. — Freilich ist Homer, und das dürfen wir bei dieser Betrachtung nicht aufser acht lassen, kein Militärschriftsteller, sondern ein Dichter; er will nicht die Kriegskunst seiner Zeit, sondern die Heldenthaten seines Volkes besingen, er stellt nicht taktische Grundsätze auf, um getroffene militärische Anordnungen, gegebene Befehle zu rechtfertigen oder zu erklären, sondern verwebt sie höchstens in seine Schilderungen, um die Klarheit und Anschaulichkeit derselben zu erhöhen, und weil er und seine Hörer Freude daran haben. Aber Homer baut seine dichterische Schöpfung auf realer Grundlage auf; die von ihm geschilderten kriegerischen Situationen, wenn auch durch die Phantasie des Dichters ausgeschmückt und verschönt, haben die Wirklichkeit zur Voraussetzung; die packende Lebendigkeit, die plastische Anschaulichkeit in den meisten seiner Kampfscenen sind nicht das Produkt blofser dichterischer Schöpfungskraft, sondern beruhen auf praktischer Erfahrung, wirklicher Anschauung. Mag man immerhin für Fragen der Kunst, speciell der Baukunst, zweifelhaft sein, ob die Angaben des Epos der wirklichen Welt, in der der Dichter lebte, entnommen sind, oder ob der Sänger sich eine ideale Welt, ideale Umgebung, ideale Kunstschätze für sein Dichterwerk geschaffen, hier stehen wir, bei einer eminent praktischen Frage, auf rein realem Boden. Die Grundsätze der Taktik, die Fortschritte in der schweren Kunst der Leitung und Führung von Heeresmassen, sind niemals der Phantasie von Dichtern entsprungen oder von Sängern prophetisch geahnt worden, sondern Schritt für Schritt in ernstem Ringen mit Blut und Schweifs gewonnen, aus der Praxis geboren. Wenn wir also in dem Epos Spuren solcher taktischen Kenntnisse finden, wenn uns der Dichter eine geschlossene Phalanx als Muster vorführt, so dafs selbst der Kriegsgott sich darüber freut, wenn er bald dem einen, bald dem anderen im Rate erprobten und im Kampfe ergrauten Führer eine kluge taktische Mafsregel in den Mund legt, so dürfen wir solche Einzelzüge benutzen, um uns ein Bild von den zur Zeit der Entstehung des Epos bekannten Kenntnissen der Kriegskunst zu konstruieren. Ebenso wie wir bei den meisterhaften aus Natur und Menschenleben entnommenen Bildern des Epos, auf die wir gewissermafsen selbst die Probe machen können, eine lebendige, scharfe Beobachtung, eine getreue Wiedergabe oft auch der kleinsten Details, die das Bild gerade recht scharf machen, finden, wie uns der Dichter überall, wo wir ihm nachgehen, durch eine feinsinnige Beachtung und Schilderung der Vorgänge des Seelenlebens überrascht und mit Bewunderung erfüllt, ebenso sind auch seine Schilderungen der Kampfscenen und des Kriegslebens einer scharfen und sorgsamen Beobachtung der wirklichen Verhältnisse entsprungen. — Natürlich ist bei alledem der Phantasie des Dichters, der den Kriegsruhm der Väter im Liede verherrlicht, ein berechtigter, weiter Spielraum einzuräumen, und es käme eben darauf an, um das getreueste Bild jener Zeit zu gewinnen, die Grenze festzustellen, wo die Wirklichkeit aufhört und die Phantasie des Dichters beginnt. Diese Linie mit allseitigem Einverständnisse scharf zu ziehen, wird allerdings nicht möglich sein, aber es giebt doch eine Reihe einzelner Punkte, die als zweifellos der Wirklichkeit entnommen bezeichnet werden können, und in der regelmäfsigen oder häufigen Wiederkehr gewisser Erscheinungen unter gleichen Verhältnissen wird man allgemein ein Kriterium der Wirklichkeit erblicken. Diese Punkte wollen wir zur Zeichnung unseres Bildes von den taktischen Kenntnissen und Gepflogenheiten im heroischen Zeitalter benutzen. Auf die verschiedene Zeit der Entstehung einzelner Partien des Epos wird dabei nicht eingegangen werden können; dazu reichen die etwaigen Resultate unserer Untersuchung nicht aus; auch bitte ich, einfach durchweg von dem Dichter sprechen zu dürfen, selbstverständlich ohne damit ein Urteil über diese Frage aussprechen und alle Partien einem einzigen Verfasser zuweisen zu wollen.

Ein Loblied schliefslich auf die über jedes Lob erhabene Kunst in den Kampfschilderungen des Dichters hier singen zu wollen, halte ich für überflüssig; sie zeigen ihn uns auch auf diesem Gebiete als Kenner des Lebens und Meister der Darstellung. Wie Fröhlich in seinem Buche über „die Militärmedizin Homers", Stuttgart 1879, schliefslich den Gedanken ausspricht, Homers ungewöhnliche Kenntnisse auf diesem Felde liefsen die Annahme wahrscheinlich klingen, dafs der Verfasser der Ilias sich dieselben aus der Praxis erworben habe und Militärarzt im Sinne seiner Zeit gewesen sei, wie Helbig seine Untersuchung über die Beschreibung des Schildes mit den Worten schliefst: „hätte der Dichter in einer Epoche vorgeschrittenerer Kunstübung gelebt, so wäre er vielleicht ein grofser Künstler geworden und würde sein Name neben dem des Polygnot oder Pheidias genannt werden", so führt auch eine genauere Betrachtung der Kampfschilderungen unzweifelhaft zu der Überzeugung, dafs der Dichter Schlachten und Kämpfe nicht blos mit Verständnis gesehen, sondern auch miterlebt und mitgekämpft habe. Diese Überzeugung gewinnen wir, auch wenn wir mit gröfserer Nüchternheit und Ruhe an unsere Frage herantreten, als es der begeisterte Verehrer des Dichters, der platonische Jon thut, der meinte, 541 B, ὅστις γε ἀγαθὸς ῥαψῳδός, καὶ στρατηγὸς ἀγαθός, und der auf die Frage des Sokrates ἦ καὶ στρατηγός, ὦ Ἴων, τῶν Ἑλλήνων ἄριστος εἶ; antwortete εὖ ἴσθι, .. καὶ ταῦτά γε ἐκ τῶν Ὁμήρου μαθών, oder auch ohne dafs wir uns dem in Beurteilung militärischer Fragen gewifs kompetenten Napoleon anschliefsen, von dem Sainte-Beuve „le premier livre de l' Énéide', Revue contemporaine tome XXVIII 1856 p. 338, folgende charakteristische Äufserung anführt: Quand on lit l'Iliade, on sent à chaque instant qu' Homère a fait la guerre, et n'a pas comme le disent les commentateurs passé sa vie dans les écoles de Chio .. Le journal d'Agamemnon ne serait pas plus exact pour les distances et le temps, et pour la vraisemblance des opérations militaires, que ne l'est son poëme'. Paul-Louis Courier äufserte sogar in einem Briefe an Villoison vom 8. März 1805: (Sainte-Beuve a. O.) Homère fit la guerre, gardez-vous d'en douter. C'était la guerre sauvage. Il fut aide-de-camp, je crois, d'Agamemnon, ou bien son secrétaire.

Bei der Besprechung selbst, in die wir nunmehr eintreten, will ich die Reihenfolge innehalten, in der etwa die einzelnen Abschnitte eines Schlachttages aufeinander folgen würden, und zuerst kurz die βουλή, dann die Aufstellung des Heeres, im Anschlusse daran die Verwendung der Wagen, darauf das Vorrücken, das stehende Gefecht, den Massenkampf und zuletzt Flucht und Verfolgung behandeln.

Kriegsrat. Aufstellung des Heeres.

Jeder wichtigeren kriegerischen Unternehmung geht eine Versammlung der Führer voraus, weil bei der geringen Selbständigkeit des Oberfeldherrn den anderen Führern gegenüber, bei der Freiheit, die jedem Fürsten für seine Beschlüsse, selbst zur Zeit der gröfsten Not und Bedrängnis, blieb, für eine gemeinschaftliche Aktion des Gesamtheeres eine Beratung und Verabredung unbedingt notwendig war. Man mufste sich doch, wenn eine Schlacht geliefert werden sollte, mindestens über die Reihenfolge einigen, in welcher die einzelnen Völkerschaften neben einander aufmarschieren sollten; und so spielt denn die $βουλή$ in den uns vorgeführten Kriegsbildern des Epos eine wichtige Rolle.

Ein anderer Grund, der eine gewisse vorhergehende Feststellung des Schlachtplanes nötig erscheinen läfst, ergiebt sich aus der Art des Kämpfens, wie sie uns im Epos entgegentritt. Es rücken zu jeder Schlacht stets die gesamten vorhandenen Kräfte ins Gefecht; von einer Reserve, einer Truppe, die irgendwie zur Verfügung des Oberfeldherrn stände, um hier oder da in den Gang der Schlacht eingreifen zu können, ist keine Rede; das einmal angefangene Gefecht abzubrechen, erscheint unmöglich. Deshalb geht die ganze Maschine, wenn sie einmal in Gang gesetzt ist, unabänderlich ihren Weg, bis ein Erfolg erzielt, oder das Heer zurückgeschlagen ist, oder die Nacht jedes Weiterkämpfen verbietet. Nach dem Beginne der Schlacht treten innerhalb der Gesamtmasse keine Verschiebungen der einzelnen Kontingente mehr ein; daher ist es um so wichtiger, die Ordnung derselben vorher festzusetzen, wozu die $βουλή$ die beste Gelegenheit bot. Dieselbe fand gewöhnlich in dem Zelte und unter dem Vorsitze des Oberfeldherrn statt, — bei der Angabe Achills $Ω$ 651, dafs zu ihm allabendlich die Achäer zur Beratung kämen, $οἵ τέ μοι αἰεὶ βουλὰς βουλεύουσι παρήμενοι, ἧ θέμις ἐστίν$, könnte man an kleinere Beratungen etwa der Myrmidonenführer denken, — und zwar am Abend vor der Schlacht; denn die Vorbereitungen zur Aufstellung des Heeres mufsten zeitig am andern Morgen beginnen. Darum darf auch ein $βουληφόρος ἀνήρ, ᾧ λαοί τ' ἐπιτετράφαται καὶ τόσσα μέμηλεν$, nicht die ganze Nacht hindurch schlafen, B 24. 61. Wenn gleich die erste Beratung vor der Schlacht, die das Epos erwähnt, am Morgen stattfindet, B 53 ff., so hat das seinen natürlichen Grund in den besonderen vom Dichter angenommenen Verhältnissen. I 89 ff. finden wir die Geronten abends im Zelte Agamemnons beim Mahle zu gemeinschaftlicher Beratung versammelt (vgl. Ameis Anm. zu Vs. 70). Den Begriff der teilnehmenden $γέροντες$ darf man nicht gar zu eng nehmen und hat darunter wohl alle selbständigen Führer zu verstehen; denn in der Doloneia gehört der jugendliche Diomedes ganz selbstverständlich zu ihnen; es sind, K 195, die $Ἀργείων βασιλῆες$ mit Hinzuziehung von Meriones und Thrasymedes, den Feldwachkommandeuren, die den Kriegsrat bilden. Nicht blofs auf das Alter, sondern auch auf die edle Abkunft komme es an, versichert Diomedes $Ξ$ 112 ff. Auch Hektor beruft zum Kriegsrate, K 300, $πάντας ἀρίστους, ὅσσοι ἔσαν Τρώων ἡγήτορες ἠδὲ μέδοντες$, diese bilden die $βουληφόροι ἄνδρες$ K 413.

Hat sich der Kriegsrat für eine Schlacht entschieden, so mufs dem Beginne derselben die wichtige und zeitraubende Aufstellung des Heeres vorangehen. Es ist selbstverständlich, dafs, wenn die Masse der Mannen zur Verwendung im Kampfe kommen sollte, — und zu dem Zwecke waren sie doch wohl von den Führern aufgebracht, was Hektor *P* 221 ff. ausdrücklich ausspricht:

> οὐ γὰρ ἐγὼ πληϑὺν διζήμενος οὐδὲ χατίζων
> ἐνϑάδ᾽ ἀφ᾽ ὑμετέρων πολίων ἤγειρα ἕκαστον,
> ἀλλ᾽ ἵνα μοι Τρώων ἀλόχους καὶ νήπια τέκνα
> προφρονέως ῥύοισϑε φιλοπτολέμων ὑπ᾽ Ἀχαιῶν, —

dafs dann dem Kampfe eine einigermafsen geordnete Aufstellung der Kontingente in sich und in der Gesamtheit vorangehen mufste, (cf. auch Köchly u. Rüstow, Kriegswesen, p. 4). Die Wichtigkeit und Notwendigkeit derselben findet denn auch in dem Epos volle Würdigung und Bestätigung, indem uns nicht nur vor dem ersten Schlachttage eine eingehende Schilderung davon gegeben wird, sondern fast vor jedem Kampfe die Aufstellung beider Heere ausdrücklich Erwähnung findet. Folgen wir, um sie kennen zu lernen, der ausführlichen Darstellung, die uns das Epos vor Beginn der ersten Schlacht giebt, *B* 441 ff. — Voran geht eine Versammlung des unbewaffneten Gesamtheeres im Lager, in welcher der von den Fürsten gefafste Beschlufs, zu kämpfen, mitgeteilt wird. In dieser Versammlung, *B* 362, rät Nestor dem Agamemnon, — und der Dichter giebt damit das erste Beispiel einer mehrfach von ihm angewendeten Technik, wichtige taktische Regeln oder Grundsätze durch den Mund eines alten, erfahrenen Heerführers aussprechen zu lassen, — κρῖν᾽ ἄνδρας κατὰ φῦλα, κατὰ φρήτρας, Ἀγάμεμνον. Dieser Vorschlag des greisen Pyliers will, trotz des demselben von Agamemnon 370 ff. erteilten Lobes, natürlich nicht angesehen sein als eine Erfindung, die Nestor jetzt, im zehnten Jahre des Krieges, zum ersten Male machte, mit der er dem Oberfeldherrn bisher ganz unbekannte Gesichtspunkte hätte angeben wollen, sondern er enthält das natürliche, den politischen Verhältnissen zur Zeit des Dichters und der von ihm vorausgesetzten Situation entsprechende Einteilungsprincip eines aus verschiedenen Stämmen zusammengesetzten Heeres. Denn das Epos kennt noch kein Gesamtheer, das einem einheitlichen Kommando folgte, sondern nur eine Summe von Völkerstämmen, die sich zu gemeinsamer Kriegsthat vereinigt haben; es kennt noch keine Waffengattungen, die losgelöst von ihrem Stammesverbande taktisch vereinigt in Thätigkeit treten könnten; es kennt also, trotz vielfach entgegenstehender Ansichten, noch keine Reiterei, Wagenkämpfer-Geschwader, die in taktischem Verbande von Agamemnon bald hier, bald dort, je nach den Verhältnissen des Terrains oder der Schlacht, aufgestellt und verwendet werden könnten, und noch viel weniger kennt es ein eigentliches Ineinandergreifen der verschiedenen Waffengattungen auf einen höheren Befehl hin. Es giebt daher auch noch keine taktische Einheit, die das Einteilungsprincip des Gesamtheeres bildete, vielmehr wird jeder Stamm zum Kampfe um seinen oder seine Führer aufgestellt. Vgl. z. B. *A* 90 εἶρε Λυκάονος υἱόν ... ἀμφὶ δέ μιν κρατεραὶ στίχες ἀσπιστάων λαῶν, οἵ οἱ ἕποντο, ebenso 200, 295, 328, 330, *A* 57—60 und zahlreiche andere Stellen; und wenn es Υ 2 heifst ϑωρήσσοντο ἀμφὶ σέ, Πηλέος υἱέ, μάχης ἀκόρητον Ἀχαιοί, so trägt dieser Ausdruck nur der jetzt ganz in den Vordergrund tretenden Stellung Achills Rechnung. — Die Völkerstämme also bilden das einzige Einteilungsprincip des Heeres, und innerhalb der φῦλα geben die Geschlechtsverbände die Unterabteilungen ab. Dafs dieser Grundsatz nur einmal so bestimmt ausgesprochen wird, darf nicht wunder nehmen. Er war eben selbstverständlich und ist für alle Schlacht- und Kriegsbilder festgehaltene Voraussetzung. Blieb er doch auch noch für die folgende Zeit der Entwickelung griechischer Taktik in beschränktem Mafse in Geltung, cf. Köchly und Rüstow a. O. Abschnitt B bis zur Schlacht bei Plataeä, p. 45: „Die Gliederung nach Lochen, nach Phylen oder sonstigen Stamm- und Gemeindeabteilungen bestimmte die Einteilung der

Front in dem Kontingent einer und derselben Völkerschaft, eines und desselben Staates. — Bestand ein griechisches Heer aus den Kontingenten mehrerer Staaten, so bildeten die gröfseren Einheiten des Ganzen eben diese Staatenkontingente und schlossen sich vom rechten Flügel nach dem linken aneinander', und von den römischen Auxiliartruppen sagt Rüstow, Heerwesen und Kriegsführung Cäsars, pag. 24: ‚Man darf annehmen, dafs bei schnellen Aufgeboten, welche nicht lange beisammen blieben, die Gliederung der Kontingente lediglich nach den Gemeinden und Gebieten erfolgte, aus denen sie gestellt wurden' (cf. auch Jähns a. O. p. 6). Auch die vom Dichter durch Nestors Mund hinzugefügte Begründung entspricht dem Bilde, das wir uns von der Ausbildung eines Heeres in heroischer Zeit machen müssen: ‚die Mannen, meint er, werden innerhalb ihrer Sippen leichter zu gegenseitiger Unterstützung geneigt sein, 363. Weil sie im Landsmannschaftsverbande kämpfen, κατὰ σφέας γὰρ μαχέονται 366, wirst du um so besser die Tüchtigkeit der Führer an ihren Leuten und umgekehrt erkennen können', 365. Denn der Fürst führt stets nur seine eigenen Landsleute, ist also für ihre Leistungen gewissermafsen verantwortlich; Übungen im gemeinsamen Waffenverbande giebt es nicht: der junge Held wird von Jugend auf in den Waffen geübt, er nimmt sich seine Leute mit zu Kampf und Krieg, und seine Sache ist es, sie durch die Praxis heranzubilden, was während einer so langen Kriegsperiode, wie die Belagerung von Troja war, durch einzelne Raub- und Kriegszüge, welche die Führer auf eigene Faust zahlreich unternahmen, sehr wohl geschehen konnte. Die Myrmidonen sind die besten unter den Achäern, weil ihr Führer der tüchtigste ist, *P* 165 ἀνέρος, sc. Achills, ὅς μέγ᾽ ἄριστος Ἀργείων . . καὶ ἐγχέμαχοι θεράποντες. Wer kann auch besser, als der Landesherr oder die von ihm eingesetzten Führer bei der Aufstellung etwaige Feiglinge konstatieren, die zurückgeblieben sind trotz der vom Oberfeldherrn für dies Vergehen ausgesprochenen harten Strafe, *B* 391 f.

> ὃν δέ κ᾽ ἐγὼν ἀπάνευθε μάχης ἐθέλοντα νοήσω
> μιμνάζειν παρὰ νηυσὶ κορωνίσιν, οὔ οἱ ἔπειτα
> ἄρκιον ἐσσεῖται φυγέειν κύνας ἠδ᾽ οἰωνούς.

Auch für die Troer, die in taktischer Ausbildung und Tüchtigkeit, wie in ihren Waffen und häuslichen Einrichtungen (vgl. Helbig a. O. pag. 5, 13), im Epos sich nur wenig von den Griechen unterscheiden, gilt dasselbe Einteilungsprincip. Eine gewichtige Begründung desselben fügt der Dichter hinzu, wenn er die Iris sagen läfst *B* 803 ff.: πολλοὶ γὰρ κατὰ ἄστυ μέγα Πριάμου ἐπίκουροι, ἄλλη δ᾽ ἄλλων γλῶσσα πολυσπερέων ἀνθρώπων, ‚darum soll ein jeder diejenigen befehligen, deren Herrscher er ist, und seine Landsleute zum Kampfe hinausführen, nachdem er sie in Ordnung aufgestellt hat'.

Nachdem Agamemnon den Beschlufs zum Kampfe mitgeteilt hat, befiehlt er der Versammlung auseinanderzugehen, damit jeder in seinem Zelte abkoche, seine Waffen in stand setze, die Rosse füttere und sich so vorbereite, den ganzen Tag bis zum Einbruch der Nacht zu kämpfen, *B* 381 ff. Die Mannen also rüsten sich in ihren Zelten, opfern und beten, jeder zu einem der Götter, um Schutz für ihr Leben, 400. 401, während der Oberfeldherr die γέροντας ἀριστῆας Παναχαιῶν beruft 404, um in feierlichem Opfer Zeus um Beistand im bevorstehenden Kampfe anzuflehen. Nach dem Opfer machen auf Agamemnons Befehl Herolde durchs ganze Lager mit weithin schallender Stimme bekannt, dafs die Achäer sich zum Sammelplatze begeben sollen, 442 ff., während die Fürsten im Lager herumziehen und die Säumigen zur Eile antreiben, schon jetzt die Scharen sondernd und das Ordnen auf dem Aufstellungsplatze vorbereitend, 446. Dieser Platz befand sich aufserhalb des Lagers, 465 ἐς . πεδίον προχέοντο Σκαμάνδριον, und dort begann erst die Hauptarbeit der Führer, der κοσμήτορες λαῶν. Denn die Mannen wurden nicht in kleineren oder gröfseren Gruppen geordnet von Unterführern hinaus geführt, um dann rasch die bestimmten Plätze innerhalb des gröfseren Verbandes einnehmen zu können, sondern in wildem Durcheinander, wie Schwäne und Kraniche unter lautem Geschrei hin und herfliegen, traten sie in unzähligen Schaaren auf der Skamandrischen Wiese an. Die Führer hatten nun ihre Leute herauszusuchen, wie die Hirten ihre Herden διακρίνωσιν, ἐπεί κε νομῷ μιγέωσιν 475, um sie dann unter Oberaufsicht Agamemnons, 477, auf ihren Platz in der Ebene hinzuführen; wie es von Aias heifst 558 στῆσεν δ' ἄγων ἵν' Ἀθηναίων ἵσταντο φάλαγγες. Wie der Dichter sich die Reihenfolge der einzelnen Völkerstämme denkt, führt er uns in der ἐπιπώλησις des Agamemnon vor, dadurch in echt dichterischer Weise ein anschauliches Bild vor unseren Augen entrollend, ohne uns durch eine trockene Aufzählung zu ermüden. — Die gleiche Art der Vorbereitung zum Kampfe wird auch an den folgenden Schlachttagen als Voraussetzung festgehalten, wenngleich das Bild nicht wieder so ausführlich gezeichnet, sondern nur mit wenigen Strichen skizziert wird. So heifst es zunächst von Hektor und seinen Troern viel kürzer B 808: αἶψα δ' ἔλυσ' ἀγορήν . ἐπὶ τεύχεα δ' ἐσσεύοντο, dann werden die Thore geöffnet, und hinaus strömten die Mannen unter lautem Lärm, 810, zu der weit gestreckten κολώνη Βατίεια, ἔνθα τότε Τρῶές τε διέκριθεν ἠδ' ἐπίκουροι 815; d. h. nicht etwa nur: es wurden die Troer von den Bundesgenossen geschieden, sondern die 16 in den Versen 816—877 aufgezählten Kontingente werden von ihren Führern ausgesondert und aufgestellt, Γ 1 κόσμηθεν ἅμ' ἡγεμόνεσσι ἕκαστοι. — Ganz ähnlich, wenn auch noch kürzer, wird der Hergang am zweiten Schlachttage geschildert Θ 53 ff.:

Οἱ δ' ἄρα δεῖπνον ἕλοντο καρπαλιμώοντες Ἀχαιοὶ
ῥίμφα κατὰ κλισίας, ἀπὸ δ' αὐτοῦ θωρήσσοντο.
Τρῶες δ' αὖθ' ἑτέρωθεν ἀνὰ πτόλιν ὡπλίζοντο,

und alle Thore wurden geöffnet, und hinaus strömten die Mannen unter lautem Lärm 59. Ebenso ist der Hergang am dritten Schlachttage Λ 15: Ἀτρείδης δ' ἐβόησεν ἰδὲ ζωννύσθαι ἄνωγεν Ἀργείους, dann folgt die Aufstellung der Griechen am Graben 47—52, und 56 heifst es: Τρῶες δ' αὖθ' ἑτέρωθεν ἐπὶ θρωσμῷ πεδίοιο sc. ἐκόσμηθεν. Π 155 ff. wird geschildert, wie Achill die Myrmidonen zum Kampfe für Patroklos aufstellt, Μυρμιδόνας δ' ἄρ' ἐποιχόμενος θώρηξεν Ἀχιλλεὺς πάντας ἀνὰ κλισίας σὺν τεύχεσιν, ihre Führer tummeln sich dabei, dem Achill hülfreich zur Hand gehend, 164 ff.,

αὐτὰρ ἐπειδὴ πάντας ἅμ' ἡγεμόνεσσιν Ἀχιλλεὺς,
στῆσεν ἐὺ κρίνας, κρατερὸν δ' ἐπὶ μῦθον ἔτελλεν.

Τ 230 ff. sagt Odysseus, ehe Achill nach dem Tode des Patroklos mit dem griechischen Heere in den Kampf rückt, in der Versammlung: alle, welche in die Schlacht ziehen wollen, sollen vorher μεμνῆσθαι πόσιος καὶ ἐδητύος, ὅσῳ ἔτι μᾶλλον . μαχώμεσθα . . ἐσσύμενοι χροΐ χαλκὸν ἀτειρέα, darauf geht jeder, nachdem Agamemnon die Versammlung aufgelöst, in sein Zelt, 276, und Ἀχαιοί . . θωρήσσοντο κατὰ στρατόν 352, dann 356 τοὶ δ' ἀπάνευθε νεῶν ἐχέοντο θοάων, und weiter Υ 1 ὣς οἱ μὲν . . θωρήσσοντο . . Ἀχαιοί, 3 Τρῶες δ' αὖθ' ἑτέρωθεν ἐπὶ θρωσμῷ πεδίοιο.

Die Reihenfolge der Vorbereitungen für die Schlacht ist also die, dafs nach dem von dem Oberfeldherrn gegebenen Befehle die Mannen in ihren Zelten sich wappnen und wesentlich ohne Ordnung zum Sammelplatze strömen, dort erfolgt das κρίνειν und κοσμεῖν, und darauf wird zum

Kampfe vorgerückt. Wenn es deshalb *Il* 805—806 am Schlusse der Rede der Iris heifst: τοῖσιν
ἕκαστος ἀνὴρ σημαινέτω, οἷσί περ ἄρχει, τῶν δ' ἐξηγείσθω κοσμησάμενος πολιήτας,
können wir das τῶν ἐξηγείσθω, dem das κοσμεῖσθαι vorangegangen, nicht mit Ameis-Hentze
erklären „aus der Stadt auf's Schlachtfeld führen", weil die Ordnung und Aufstellung erst
aufserhalb der Mauern erfolgt, sondern das ἅπαξ εἰρημένον ἐξηγείσθω ist synonym dem danebenstehenden σημαινέτω und den später, 816, 819 u. ö. folgenden Ausdrücken ἡγεμονεύειν und
ἄρχειν gebraucht und mit Faesi - Franke allgemein „hinausführen zur Schlacht" zu erklären.
πολιήτας kann in diesem Zusammenhange dann nur bedeuten „seine Landsleute" und nicht, wie
La Roche will „die Bürger, Bewohner Trojas". Bei der Allgemeinheit der von der Iris gegebenen
Vorschrift, dafs eben jeder seine Landsleute führen solle, scheint es mir als ganz selbstverständlich
eingeschlossen, dafs die Troer von troischen Führern befehligt werden, wie das auch in allen
Kampfscenen uns entgegentritt, und die von La Roche vermifste ausdrückliche Erwähnung dieser
Konsequenz erscheint nicht unbedingt erforderlich.

Beim Ausrücken zur Aufstellung am dritten Schlachttage finden wir, was am zweiten ganz
unberücksichtigt geblieben war, das Lager mit einem Walle und tiefen Graben umgeben. Die
Vermutung liegt vielleicht im ersten Augenblicke nahe, dafs dieselbe, um sie unter guter Deckung
vornehmen zu können, auf dem Raume zwischen Wall und Graben, den wir ziemlich breit annehmen müssen, stattgefunden habe. Das ist aber nicht der Fall, das Heer geht erst ungeordnet
über den Graben und wird auf der anderen Seite aufgestellt. Der Graben bildete, wie sehr wohl
begreiflich, ein absolutes Hindernis für das Vorrücken eines geordneten Heeres und wurde deshalb
von den einzelnen Kriegern an den Übergangsstellen, die ihnen gut schienen, passiert. Fanden
doch auch die zum Sammelplatz hinausfahrenden Führer Veranlassung, diesseits des Grabens
abzusteigen und zu Fufs hinüberzugehen, die Wagen aber langsam nachkommen zu lassen,
Δ 47 ff. Damit ist die Möglichkeit des Überganges für das gesamte aufgestellte Heer natürlich
gleichfalls ausgeschlossen. Dafs man aber während der hierzu an sich gewifs vortrefflich geeigneten
Zeit der Aufstellung einen Überfall des feindlichen Heeres überhaupt gefürchtet habe, darüber ist
im Epos nirgends die geringste Andeutung gemacht, und ich meine, ein Dichter hätte sich die
Schilderung einer solchen Kampfscene nicht entgehen lassen, wenn sie zu den Erscheinungen
des damaligen Krieges gehört hätte. Den Grund davon möchte ich darin finden, dafs bei der
äufserst geringen Beweglichkeit von Truppenmassen, und nur von solchen war ein erfolgreicher
Vorstofs auszuführen, beide Parteien eine bedeutende Zeit zur Aufstellung ihrer Heere gebrauchten. Die Nacht bricht nun regelmäfsig das Gefecht ab, zur Ordnung der Massen aber
gehört notwendig das Tageslicht. Die beste Sicherung bestand also darin, dafs man, wenn der
Kampf beschlossen war, gleich beim ersten Morgenlichte zur Aufstellung schritt, sobald die
übrigen Vorbereitungen beendet waren, und das Gefecht von beiden Seiten frühzeitig begann.
Darum heifst es auch am zweiten und dritten Schlachttage Θ 66, 67, *Λ* 84, 85:

ὄφρα μὲν ἠώς ἦν καὶ ἀέξετο ἱερὸν ἦμαρ,
τόφρα μάλ' ἀμφοτέρων βέλε' ἥπτετο.

Auch am vierten Schlachttage bringt Thetis mit dem Aufgang der Morgenröte ihrem Sohne die
Waffen ins Lager *T* 1 ff., während am ersten Tage naturgemäfs eine kleine Verschiebung eingetreten war.

Die Aufstellung der Mannen ist eine Kunst, die dem Führer, dem κοσμήτορι λαῶν, zukommt und einen wesentlichen Teil seiner Führereigenschaften umfafst: denn erst durch die
Ordnung wird die Masse verwendbar (cf. Köchly und Rüstow, Kriegswesen, pag. 6). Daher

erntet auch Menestheus reiches Lob, *B* 553, 554, denn τῷ δ' οὔ πώ τις ὁμοῖος ἐπιχθόνιος γένετ' ἀνὴρ κοσμῆσαι ἵππους τε καὶ ἀνέρας ἀσπιδιώτας. Am wichtigsten war die Formierung der ersten Reihe in der Phalanx. Denn es war, wie noch bei den Kämpfen der römischen Legionen, der erste entscheidende Schritt für einen günstigen Erfolg gethan, und umgekehrt, wenn es gelang, die feindliche Reihe zu durchbrechen; und zwar hier um so mehr, als eine Reserve nicht aufgestellt wurde. Darum mufsten im ersten Gliede alle diejenigen stehen, die durch körperliche Kraft und Gewandtheit, durch Mut und Tapferkeit am ersten im stande waren. einem feindlichen Einbruchsversuche die Stirn zu bieten oder sich selbst mutig auf die feindliche Reihe zu stürzen. Aus der ersten Reihe sprangen bei dem stehenden Gefechte die Kämpfer als πρόμαχοι hervor, um einen einzelnen Gegner zu töten oder den Schaft in die feindliche Reihe zu schleudern; in der ersten Reihe standen neben den besten ihrer Mannen alle die Führer und Helden, deren Namen der Dichter unsterblich gemacht hat, allen anderen als Muster kriegerischen Heldenmuts voranleuchtend und zu tapferer, entschlossener That der Masse Befehl und Beispiel gebend. In der ersten Reihe mufsten aber auch die am besten Bewaffneten stehen — denn die Verschiedenheit der Waffen auch innerhalb der einzelnen Kontingente ist als erwiesen anzusehen — und diesen Gesichtspunkt, dafs für die Aufstellung der Schlachtreihe die Berücksichtigung der Bewaffnung von ganz besonderer Wichtigkeit war und nicht selten selbst der persönlichen Tüchtigkeit gegenüber den Ausschlag geben mochte, dürfte wohl der Verfasser des etwas sonderbaren Waffentausches, *Ξ* 376 ff., den Poseidon vornimmt, ehe er die Griechen ins Gefecht führt, vor Augen gebabt haben. Es heifst dort: ὅς δέ κ' ἀνὴρ μενέχαρμος, d. h. wer einen Angriff aushalten kann, der soll den gröfseren Schild nehmen, der zu diesem Zwecke geeigneter war, und seinen kleinen Schild dem schlechteren Manne geben. Diesem Befehle gehorchen die Mannen, 378, dann ordnen die Könige die Scharen zum Angriff, 379 ἐκόσμεον, wobei sie den Austausch der Waffen leiten, und Poseidon geht darauf zum Angriff über. Übrigens bin ich weit entfernt zu glauben, dafs mit diesem Erklärungsversuche alle Bedenken der Stelle gehoben seien: Ich habe damit nur eine Vermutung über die Entstehung derselben im Zusammenhange mit der vorliegenden Frage aussprechen wollen. — Auf die hinter der ersten stehenden Reihen der Schlachtordnung wird mehrfach ausdrücklich hingedeutet: *Δ* 253, 254 Ἰδομενεὺς μὲν ἐνὶ προμάχοισι ... Μηριόνης δ' ἄρα οἱ πυμάτας ὤτρυνε φάλαγγας, *Δ* 64, 65 Ἕκτωρ ὁτὲ μέν τε μετὰ πρώτοισι φάνεσκεν, ἄλλοτε δ' ἐν πυμάτοισι κελεύων; *N* 131—133 und *Π* 215—217 wird das dichte Hintereinanderstehen in der zur Abwehr feindlichen Angriffs aufgeschlossenen Phalanx geschildert, ὡς πυκνοὶ ἐφέστασαν ἀλλήλοισιν. *Δ* 281, 282 heifst es von den Scharen der beiden Aias, die bereits fertig aufgestellt und im Vorgehen begriffen sind, πυκιναὶ .. φάλαγγες σάκεσίν τε καὶ ἔγχεσι πεφρικυῖαι, was doch nur von einer gröfseren Anzahl hintereinander mit hochgehaltener Lanze marschierender Reihen gesagt werden kann. Von mehreren anderen hierher gehörenden will ich kurz noch eine Stelle anführen und besprechen, *Δ* 297 ff., die uns Nestor, den erfahrensten Ordner der Mannen, in Thätigkeit vorführt:

> ἱππῆας μὲν πρῶτα σὺν ἵπποισιν καὶ ὄχεσφι,
> πεζοὺς δ' ἐξόπιθε στῆσεν πολέας τε καὶ ἐσθλούς,
> ἕρκος ἔμεν πολέμοιο, κακοὺς δ' ἐς μέσσον ἔλασσεν,
> ὄφρα καὶ οὐκ ἐθέλων τις ἀναγκαίῃ πολεμίζοι.

Es mufste dem Nestor, und ebenso natürlich jedem anderen Führer in gleicher Lage, vor allem darauf ankommen, seine Fufstruppen in möglichst grofser Anzahl zur Verwendung im Gefechte zu bringen, auch die, welche keinen grofsen Mut bezeugten. Desbalb mufste er in die vorderste

Reihe, ebenso wie in die letzte, die zur Bildung einer enggeschlossenen Angriffs- oder Verteidigungskolonne aufzurücken hatte und das Ausbrechen der in der Mitte stehenden schwachen Seelen verhindern sollte, die tüchtigen und erprobten Leute stellen; die **Feiglinge in der Mitte** wurden dann durch ihre Vorder- und Hintermänner zum Standhalten gezwungen. Ein solcher Zwang mufste in der That notwendig erscheinen, wenn Odysseus, Ξ 99, dem Agamemnon auf seinen Vorschlag, während des Kampfes einen Teil der Schiffe und in der Nacht den Rest ins Meer zu ziehen, um zu entfliehen, entgegenhalten konnte, dafs die Achäer nicht länger im Kampfe aushalten würden, so bald sie merkten, dafs hinter ihnen Schiffe ins Meer gezogen würden.

Die Auffassung der Stelle, $\varLambda$ 297, wie sie Köpke a. O. p. 220, und mit ihm übereinstimmend Friedreich, p. 386, vertritt, und die allerdings auf den ersten Blick die richtige zu sein scheint, dafs er nämlich ‚vorn die Reiter, hinten die besten Fufstruppen und in die Mitte zwischen diese und die Wagenkämpfer die Feigen gestellt habe‘, scheint mir ganz unhaltbar. Denn erstens werden an unserer Stelle nicht die $i\pi\pi\tilde{\eta}\varepsilon\varsigma$, die $\pi\varepsilon\zeta o i$ und die $\varkappa\alpha\varkappa o i$ einander entgegengesetzt, sondern nur die beiden ersteren; die $\varkappa\alpha\varkappa o i$ gehören zu den $\pi\varepsilon\zeta o i$, und es kann deshalb logisch zu $\dot{\varepsilon}\varsigma$ $\mu\acute{\varepsilon}\sigma\sigma o\nu$ nicht wohl $i\pi\pi\acute{\eta}\omega\nu$ $\varkappa\alpha i$ $\pi\varepsilon\zeta\tilde{\omega}\nu$, sondern nur $\pi\varepsilon\zeta\tilde{\omega}\nu$ ergänzt werden. Zweitens aber würden die $\varkappa\alpha\varkappa o i$ auf diese Weise die erste Reihe der $\pi\varepsilon\zeta o i$ bilden, was doch nicht beabsichtigt ist, denn dafs Wagenkämpfer die erste Reihe der Phalanx bilden, also in gleichem Tempo wie die Fufstruppen vorgehen sollten, scheint mir für die Wirklichkeit ganz undenkbar; dadurch ginge ja der Hauptvorteil, den sie gegenüber den Fufstruppen haben, die Schnelligkeit, gänzlich verloren, und sie würden als erstes Glied einer Fufsphalanx jegliche Beweglichkeit und somit den gröfsten Teil ihrer Brauchbarkeit im Kampfe einbüfsen. Wie sollte in jenem Falle auch ein $\dot{\alpha}\nu\alpha\chi\omega\varrho\varepsilon\tilde{\imath}\nu$ einzelner Wagen, das Nestor 305 ausdrücklich verbietet, überhaupt denkbar sein?

Über die **Tiefe** der Aufstellung, die auch in der dorischen Phalanx noch keineswegs eine konstante war und zwischen 4—6, später bis 8 Mann geschwankt zu haben scheint, giebt das Epos keinerlei Andeutung. Wir werden nicht irren, wenn wir annehmen, dafs ein fester Usus in dieser Beziehung nicht herrschte. Ist unsere oben gegebene Erklärung von $\varDelta$ 299 $\dot{\varepsilon}\varsigma$ $\mu\acute{\varepsilon}\sigma\sigma o\nu$ richtig, so haben wir wenigstens 3 Reihen hintereinander anzunehmen, eine Anzahl, die noch zu gering sein dürfte, wenn man bedenkt, dafs eine tiefere Aufstellung die Aufrechterhaltung der Ordnung und des Zusammenschlusses in der Phalanx beim Vorrücken wesentlich erleichtert.

Die **Dichtigkeit** der Schlachtordnung wird für gewöhnlich nicht sehr grofs gewesen sein. Die Entfernung der einzelnen Krieger von einander mufste doch so weit sein, dafs man auch aus der Reihe heraus seinen Speer schwingen und werfen konnte. Denn es wird nicht nur von einzelnen vorgesprungenen Helden geschossen, sondern auch von vielen zugleich eine Art Salve abgegeben, wofür ich als Beweis die treffliche Schilderung eines Angriffs O 305 ff. anführe. Die Achäer hatten zur Deckung des Rückzuges eine geordnete Aufstellung genommen, $\dot{\upsilon}\sigma\mu\acute{\imath}\nu\eta\nu$ $\tilde{\eta}\varrho\tau\upsilon\nu o\nu$ .. $"E\varkappa\tau o\varrho\iota$ $\varkappa\alpha i$ $T\varrho\omega\varepsilon\sigma\sigma\iota\nu$ $\dot{\varepsilon}\nu\alpha\nu\tau\acute{\imath}o\varrho$, die Troer stiefsen in geschlossener Schar vor, $\pi\varrho o i\tau\upsilon\psi\alpha\nu$ $\dot{\alpha}o\lambda\lambda\acute{\varepsilon}\varepsilon\varsigma$, und jene erwarteten den Vorstofs gleichfalls geschlossen, $\dot{\upsilon}\pi\acute{\varepsilon}\mu\varepsilon\iota\nu\alpha\nu$ $\dot{\alpha}o\lambda\lambda\acute{\varepsilon}\varepsilon\varsigma$. Dann wird auf beiden Seiten lauter Kriegsruf erhoben, ‚und von den Sehnen fliegen die Pfeile und zahlreich von wuchtiger Hand geschleudert die Speere, die zum Teil treffen, zum Teil zu kurz geschossen zwischen beiden Schlachtreihen in der Erde stecken bleiben‘, 319. Aus demselben Grunde durften auch die zweiten und dritten Glieder nicht zu eng aufrücken; aber ganz verkehrt würde es sein, sich die Entfernung derselben so weit vorzustellen, wie Friedreich, der p. 386 sagt ‚die einzelnen Reihen scheinen nicht sehr nahe einander gestanden, sondern zwischen denselben ein Raum vorhanden gewesen zu sein, welcher ohne Zweifel durch das Wort $\gamma\acute{\varepsilon}\varphi\upsilon\varrho\alpha$ bezeichnet wird; dieser Zwischenraum war nicht klein, da bespannte Wagen zwischen demselben fuhren'. Denn abgesehen davon, dafs man unter den noch nicht recht befriedigend erklärten γέφυραι ganz gewifs nicht Längs-, sondern höchstens Querschnitte der Schlachtreihe zu verstehen hat, würde eine derartige Entfernung, noch dazu, wenn Wagen zwischendurch fuhren, Ordnung und Zusammenhang völlig auflösen, und es wäre dann ganz unmöglich gewesen, dafs die Reihen während des Kampfes, wenn vom Gegner, der bei der σταδίη μάχη höchstens auf 30—40 Schritt Entfernung gegenüberstand, plötzlich ein Vorstofs gemacht wurde, sich rasch an der bedrohten Stelle von rechts und links und nach vorn zusammenschlossen, so dafs Schild den Schild deckte und die Helmbügel einander berührten (s. u.).

Die in Ordnung aufgestellten Reihen heifsen στίχες, zwischen denen die Führer bei der Aufstellung oder beim Vorrücken herumgehen *Δ* 231, 250, *O* 279, die heranrücken *P* 107, die man angreift *Δ* 264, 540, durchbricht *N* 680, in die Flucht jagt *P* 505. Doch darf man schwerlich daraus, dafs Achill seine Myrmidonen in fünf στίχες aufstellte — *II* 171 ff. πέντε δ' ἄρ' ἡγεμόνας ποιήσατο, . . τῆς μὲν ἰῆς στιχὸς ἦρχε Μενέσθιος, . . τῆς δ' ἑτέρης Εὔδωρος κ. τ. λ. —, schliefsen, dafs er seine Phalanx fünf Mann tief aufgestellt habe. Wohl aber können wir aus den bald darauf folgenden Versen ersehen, wie der Dichter eine Musteraufstellung gedacht haben will. Denn als die von Achilleus aufgestellten Myrmidonen durch seine Worte angefeuert sich ihrem geliebten Führer vor dem Ausrücken ins Gefecht noch einmal von ihrer besten Seite zeigen wollen, heifst es *II* 211 ff.: fester geschlossen sich die Reihen,

μᾶλλον δὲ στίχες ἄρθεν, ἐπεὶ βασιλῆος ἄκουσαν .
ὡς δ' ὅτε τοῖχον ἀνὴρ ἀράρῃ πυκινοῖσι λίθοισι
δώματος ὑψηλοῖο, βίας ἀνέμων ἀλεείνων,
ὡς ἄραρον κόρυθές τε καὶ ἀσπίδες ὀμφαλόεσσαι κ. τ. λ.

Also fest in sich geschlossen mufs die Phalanx aufgestellt werden. Die oben als erforderlich bezeichneten Distancen in den Reihen ergaben sich zweifellos ganz von selbst, sobald man sich in Bewegung setzte. Da lockerten sich die Reihen nach allen Seiten, denn zu einem Parademarsch in der Kolonne waren die den Dichtern des Epos bekannten Truppen doch noch nicht eingeübt, und man weifs, wie schwer es selbst für einexerzierte Soldaten ist, den Zusammenschlufs bei der Vorwärtsbewegung genau fest zu halten. Die heroische Phalanx aber war nicht nur nicht einexerziert, sie war nicht einmal in ihrer Bewaffnung und Ausrüstung gleichmäfsig. Die einen trugen gröfsere Schilde, längere Lanzen, bessere Panzer, als andere; ja, es führten offenbar nicht einmal alle in der Phalanx stehenden Krieger Schild und Lanze, sondern einzelne waren mit dem Bogen bewaffnet, wie es von mehreren Führern, Pandaros, Paris, Teukros, ausdrücklich erwähnt wird, und auch aus der oben citierten Stelle, *O* 305, wo Pfeile mit Lanzen zugleich bei der Salve fliegen, deutlich hervorgeht. Auch auf Hektor wird *P* 80, als er vor die troische Phalanx tritt, aus den Reihen der Griechen mit Pfeilen geschossen. Die nur den Bogen führenden Lokrer des Aias werde ich weiter unten noch kurz zu erwähnen haben.

Bei der Wichtigkeit der Aufstellung für die Gefechtsfähigkeit der Mannen war es gewifs ein Freundesdienst, den Achill dem ausziehenden Patroklos erwies, wenn er persönlich die Rüstung und Aufstellung der Myrmidonen leitete, die unter dem Beistande des Patroklos und der Unterführer, 164 ff.: Μυρμιδόνων ἡγήτορες ἠδὲ μέδοντες ἀμφ' ἀγαθὸν θεράποντα . . Αἰακίδαο φώσιν' . κ. τ. λ., in der schon oben besprochenen Weise vor sich geht. Nach Beendigung derselben folgt auch hier, wie fast stehend, eine zur Tapferkeit anfeuernde Rede des Führers, die mit Recht schon anderweitig mit der bei den Römern vor dem Gefecht üblichen adhortatio verglichen worden ist.

Durchaus unerweislich aber scheint mir die Ansicht, welche Köpke a. O. pag 218 und mit ihm wörtlich übereinstimmend Friedreich pag. 386 über die Aufstellung ausspricht: „Wir finden nicht nur darauf einige Mal gedrungen, dafs die gleichartigen Kriegsvölker zusammengestellt werden, sondern wir dürfen auch vermuten, dafs die gleichartigen so gestellt wurden, dafs sie gegenüber im feindlichen Heere gleichartig Bewaffnete wider sich hatten. Man sehe II. XI v. 150 fgl. wo es heifst: Fufsvolk mordete nun Fufsvolk, das gezwungen zurückfloh und Rofslenker die Lenker der Rofs u. s. w." Denn ganz abgesehen davon, dafs von einer Verwendung verschiedener Waffengattungen als solcher keine Spur im Epos sich findet, dafs dann wunderlicherweise entweder beide Heere über die Aufstellung der verschiedenen Waffengattungen sich zu verabreden hätten, oder eine bestimmt feststehende Regel darüber existieren müfste, etwa wie im römischen Heere, wo die Leichtbewaffneten und die Reiterei auf die Flügel kommen, scheint mir auch die angeführte Stelle _Λ_ 150 ff. die daraus gezogenen Folgerungen durchaus nicht zu bedingen. Es ist dort von der wilden Flucht die Rede, auf der sich die Troer vor dem siegreichen Agamemnon und seinen Mannen befinden; jene suchen sich nach Möglichkeit zu retten, diese dem Feinde nach Kräften Abbruch zu thun. Dafs dabei die ἱππῆες, unter denen ich allerdings, wovon im nächsten Abschnitte die Rede sein soll, nur die Führer und Edlen verstehe, die zu Wagen gestiegen waren, den zu Wagen fliehenden Gegnern nachsetzen, weil sie allein diese einholen können, und die Erlegung eines Edlen gewinnbringender war, als die eines gewöhnlichen Mannes, ist nur ein ganz natürlicher Vorgang, aus dem sich für Aufstellung von Wagengeschwadern nichts schliefsen läfst. So verfolgt *Π* 382, 383 Patroklos zu Wagen speciell den fliehenden Hektor, τὸν δ' ἔκφερον ὠκέες ἵπποι, und kommt auf diese Weise schliefslich vor das fliehende troische Fufsvolk, das er zum Teil abschneidet und zurücktreibt.

Diese Scenen aber führen uns schon mitten in den Kampf selbst hinein, und ehe wir dazu übergehen oder auch nur die aufgestellten Scharen zum Gefecht vorrücken lassen, bedarf noch eine andere, besonders wichtige Frage der Erledigung, nämlich die nach der Verwendung der Wagen in den homerischen Schlachten.

Verwendung der Wagen.

Nach der schon oben erwähnten allgemeinen Heeresorganisation, wie sie uns im Epos überall entgegentritt, ist anzunehmen, dafs es Wagengeschwader als besondere Waffengattung aufserhalb eines Stammesverbandes nicht gegeben hat, sondern es können, wenn von Wagengeschwadern die Rede ist, dies nur die von einem bestimmten Stamme gestellten, demselben auch bei der Aufstellung und während des Gefechts zugeteilten Wagen sein. Denn dafs ein Volksstamm nur ἵπποι gestellt habe, dürfte höchstens von den *K* 473 ff. erwähnten, aber fast gar nicht in Betracht kommenden Thrakern gelten. Über die Aufstellung solcher Wagengeschwader in einem speciellen Falle giebt uns die von Nestor, *Δ* 297 ff., seinen Wagenkämpfern erteilte Instruktion guten Aufschlufs. Dafs gerade dem greisen Pylier diese Vorschriften in den Mund gelegt werden, ist sicherlich mit gutem Bedacht geschehen, denn bei dem Kontingent des rossereichen Pylos konnten sich wohl die Wagenkämpfer reichlicher vertreten finden; nach dem Peloponnes hat sich sicher am frühsten die orientalische Sitte der Wagenverwendung im Kampfe verbreitet, und zwar muſs dies, wie Helbig a. O. p. 89 anführt, schon vor der dorischen Wanderung geschehen sein, da Streitwagen auf den mykenäischen Grabstelen dargestellt sind. Den alten ἱππόται Nestor setzt also mit Recht hier und auch sonst der Dichter in den Besitz der reichsten Erfahrung über die Verwendung der ἵπποι.

‚Die Wagenkämpfer sollen also in einer geschlossenen Reihe vorgehen, keiner soll aus derselben herausfahren, um einen einzelnen Gegner zu bekämpfen, keiner hinter der Reihe zurückbleiben; sind so in fester Ordnung die Wagen an die feindlichen Geschwader herangekommen, dann schieſse ein jeder von seinem Wagen aus auf den Feind gegenüber, da so am besten ein Erfolg erreicht wird; das war die Kampfesweise, mit der die Männer der Vorzeit ihre Siege erfochten haben.‘ — Das Hauptgewicht wird von Nestor also auf den Zusammenschluſs der Wagengeschwader gelegt, während er den Einzelkampf verwirft, wobei er voraussetzt, daſs die Gegner gleichfalls Wagenkämpfer sind und dieselbe Regel beobachten. Diese Instruktion muſs als durchaus gut und praktisch erscheinen und beweist, daſs der Dichter dieser Stelle sich eine klare Anschauung von der Verwendung der Wagenkämpfer gebildet hatte. Aber merkwürdigerweise haben nicht nur diese Wagenkämpfer sofort hinterher bei Beginn des Kampfes diesen guten Rat wieder vergessen, — worauf Köpke p. 221 und 147 mit Recht aufmerksam macht, — sondern die Geschwader spielen überhaupt in dem Gefecht ganz und gar keine Rolle. Nicht nur in den unmittelbar folgenden Schlachtscenen wird ihre Verwendung als erstes Treffen, das den Angriff des Fuſsvolkes vorbereiten soll, völlig auſser acht gelassen, sondern in allen Kriegsbildern und Schlachtenschilderungen, die uns das Epos vor Troja vorführt, werden Wagengeschwader weder zur Vorbereitung des Angriffs, noch zu einem Chok, noch zur Verfolgung, noch zu irgend einem kriegerischen Zwecke überhaupt verwandt. Die einzige Beschreibung eines wirklichen Kampfes zwischen Wagengeschwadern wird als Erzählung aus seiner Jugendzeit dem alten Nestor in den Mund gelegt, Λ 711—761; eine Stelle, die jetzt freilich fast allgemein aus ganz anderen Gründen als eine ungehörige Interpolation angesehen wird. Erwähnt werden auch noch an anderen Stellen ganz im allgemeinen Reitergeschwader, oder können unter den ἵπποι verstanden werden, so Ι 383, 384, als Beweis der glänzenden Macht des aegyptischen Thebens in der Erzählung Achills die 20000 Wagenkämpfer, die aus den 100 Thoren herauszuziehen pflegen, — eine Stelle, deren Ursprünglichkeit gleichfalls angezweifelt wird, — Η 240 οἶδα δ' ἐπαΐξαι μώνυν ἵππων ὠκειάων, Λ 529 530 ἔνθα μάλιστα .. ἱππῆες πεζοί τε.. ἀλλήλους ὀλέκουσι, Η 810 φώτας ἐείκοσι βῆσεν ἀφ' ἵππων πρῶτ' ἐλθὼν σὺν ὄχεσφι, P 175 οὗτοι ἐγὼν ἔρριγα μάχην οὐδὲ κτύπον ἵππων, Υ 326 πολλὰς δὲ στίχας ἡρώων, πολλὰς δὲ καὶ ἵππων Αἰνείας ὑπεράλτο. An den Stellen Η 809, Λ 51, 52, wovon weiter unten die Rede sein soll, Λ 151, wenn dieselbe echt ist, Μ 62, Σ 237 verstehe ich unter den ἵπποι resp. ἱππῆες nur die Wagenlenker der einzelnen fahrenden Führer und Edlen; ebenso Ψ 132, wo eine gröſsere Anzahl von ἱππῆες offenbar nur erscheinen, um den Pomp beim Leichenbegängnisse des Patroklos zu erhöhen, mit dem Kampfe aber nichts zu thun haben. Die Anschauung aber, die in der Odysseestelle σ 261 ausgesprochen wird: Τρῶας .. ἔμμεναι .. ἵππων τ' ὠκυπόδων ἐπιβήτορας, οἵ κε τάχιστα ἔκριναν μέγα νεῖκος ὁμοίιου πολέμοιο, findet in den Schilderungen der Ilias keine Bestätigung. Die Verwendung der Wagen, wie sie hier erscheint, organisch mit den Kampfscenen verbunden ist, lebendig und anschaulich auch in der Detailbeschreibung uns entgegentritt, ist eine andere, erheblich eingeschränktere. Das Hauptgewicht in der Schlacht liegt zweifellos auf dem Fuſsvolk, speciell dem mit Panzer, Schild, Schwert und Lanze bewaffneten; die Verwendung von Wagenkämpfern in geschlossener Masse jedoch erscheint dem Dichter vielleicht noch aus der Erinnerung durch Lieder oder Erzählungen, aber nicht mehr aus praktischer Anschauung bekannt. Die Entwickelung des Kriegswesens zur Zeit der Entstehung des Epos hat eben schon einen Schritt weiter in die der folgenden Zeiten hinein gethan, wo der Hoplit allein den Strauſs ausfocht und der Wagenkampf gänzlich beseitigt wurde. — Dagegen erscheinen neben diesen nur ganz im allgemeinen erwähnten Wagengeschwadern regelmäſsig, in allen Kampfschilderungen eine hervorragende Rolle spielend, einzelne Führer und Edle zu Wagen, in nicht eben groſser Anzahl, wie die Zusammenstellung bei Hopf a. O., Progr. 1858 pag. 2 und pag. 35 ergiebt. Diese aber können ganz und gar nicht mit dem Namen Wagenkämpfer belegt werden; sie benutzen vielmehr den Wagen, da sie mit dem schwereren Schilde (cf. Helbig pag. 222, 250), Panzer und Beinschienen bewaffnet sind, und an ihre Beweglichkeit bei der Aufstellung des Heeres wie im Kampfe ganz andere Ansprüche gestellt werden als an die der Mannen, hauptsächlich, um ihren mannigfachen Aufgaben als Führer, besonders vor und nach dem eigentlichen Kampfe, gerecht zu werden. Von Wagengeschwadern unterscheiden sie sich, wenn ich den Vergleich gebrauchen darf, etwa so, wie sich die berittenen Offiziere der Infanterie von der Kavallerie unterscheiden; Kavallerie aber kommt in den Kämpfen vor Ilios nicht zur Verwendung.

Die Frage nun nach der Verwendung der Wagen im Kriege, in der die mir bekannten bisherigen Darstellungen nach meiner Meinung am meisten von dem im Epos vertretenen Zustande abweichen, macht eine besondere Besprechung notwendig. — Bei Köchly und Rüstow heiſst es darüber a. O. p. 6: „Das Aufstellungsverhältnis, in welchem die Wagenkämpfer — als Reiterei betrachtet — zu den Fuſskriegern stehen, ergiebt sich aus den Beziehungen, welche überhaupt für die einen und die anderen gelten. Die Führer, zumal wenn sie als Vorkämpfer gelten wollen, gehören vor ihre Mannschaft. So ordnen sich denn auch die Streitwagen naturgemäſs gewöhnlich in erster Linie, mag dies besonders hervorgehoben sein, oder nicht, und nur ausnahmsweise kommt es vor, daſs sie Flügel einnehmen, in welchem Falle dann Fuſsvolk gegen Fuſsvolk, Wagen gegen Wagen vorrücken". In dieser Allgemeinheit aber ist die wohl in einzelnen Punkten richtige Darstellung durchaus nicht aufrecht zu erhalten. Ebenso ist es fast ausschlieſslich ein Bild seiner Phantasie, was Buchholz a. O. pag. 311 über die Wagenkämpfer anführt. Auch was Köpke pag. 144 ff. und mit ihm wieder wörtlich übereinstimmend Friedreich pag. 308 von den drei möglichen Aufstellungen der Wagengeschwader sagt, sind nur Konstruktionen, die im Anschluſs an die Stellen $\varDelta$ 303 und $\varLambda$ 49 ff. resp. 150 ff. gemacht sind. Von der ersteren, der Instruktion Nestors, ist schon oben die Rede gewesen; bei der zweiten müssen wir noch einen Augenblick verweilen. Dieselbe beweist für die von Köpke daraus deducierte und auch von Helbig pag. 88 noch festgehaltene Aufstellung der Wagengeschwader in einem zweiten Treffen hinter dem Fuſsvolke nichts, so ansprechend auch die hinzugefügte Begründung klingt, „weil die Tages zuvor zurückgeschlagenen Griechen, steten Überfalles gewärtig, aus ihren Verschanzungen hervorgingen, und daher sie ihre Streitwagen nicht sogleich entwickeln konnten, welche sich dagegen hinter dem Fuſsvolke ungestört und unbemerkt in Ordnung stellen und diese mit dem besten Erfolge unterstützen konnten". Denn wir haben es $\varLambda$ 47 ff., bei der Schilderung des Ausrückens zum dritten Schlachttage, gar nicht mit Reitergeschwadern, sondern, und darin stimme ich mit den meisten Herausgebern überein, von denen ich nur in einem unwesentlichen Punkte abweiche, mit den auf ihren Wagen zum Sammelplatze fahrenden Führern und Edlen zu thun, welchen Führern, die nach geschehener Aufstellung mit ihren Leuten zusammen zu Fuſse im Gefecht erscheinen. Die Verse $\varLambda$ 47—49 nämlich können zusammengestellt mit den fast gleichlautenden M 76, 77, welche den Rat des Polydamas enthalten, nur bedeuten, daſs die Wagenlenker auf der inneren Seite des Grabens halt machen sollen, weil die Herren zu Fuſs den Graben überschreiten wollen. Auf der anderen Seite des Grabens stellen diese dann unter lautem Lärm, der schon bei der ersten Erwähnung, *Π* 459 ff., genügend hervorgehoben wurde, ihre Leute auf; denn das bezeichnet der Ausdruck ἐῴοντο 50 ‚sie tummelten sich' hier, wie in der ähnlichen Situation *Π* 166 bei der Aufstellung der Myrmidonen. Vers 51 heifst es dann weiter: sie, sc. die Führer, waren aber weit früher am Graben — natürlich nun auf der äufseren Seite — aufgestellt, d. h. mit ihren Leuten, als die Wagenlenker, die ihren Platz in der Nähe ihrer Herren hinter der Linie einzunehmen hatten; 52 ἱππῆες δ' ὀλίγον μετεκίαθον übersetze ich dann: die Wagenlenker kamen ein wenig später, nämlich auf dem Sammelplatze an, weil der Übergang über den Graben sie aufgehalten hatte, nicht wie die meisten Erklärer: ‚sie rückten ihnen in kurzer Entfernung nach'. Denn von einem Vorrücken der beiden Heere ist hier noch gar nicht die Rede; das beginnt erst, nachdem auch die Troer ihre Aufstellung, 56 ff., beendet haben, etwa Vers 67; auch wird ὀλίγον bei Homer sonst nicht local gebraucht, sondern dient gewöhnlich zur Bezeichnung des Mafses, besonders beim Komparativ, und ὀλίγον μετεκίαθον heifst: sie kamen ein wenig später (cf. auch La Roche stud. § 29, der allerdings ὀλίγον gerade an dieser einen Stelle local fafst). Das ist freilich ein höchst einfacher Sinn — nicht wesentlich von der Auffassung Franke's und Hentze's verschieden, aber mehr steht eben nicht in den Versen, und die Aufstellung von Wagengeschwadern in einem zweiten Treffen läfst sich nicht daraus herleiten.

Welches ist denn nun der Gebrauch des Wagens, wie er uns in dem Gedichte selbst entgegentritt? Das Richtige hat schon im wesentlichen Helbig getroffen, wenn er kurz sagt pag. 89 „der Wagen dient recht eigentlich als Ausfalls- wie als Rückzugsort", und zwar für eine verhältnismäfsig geringe Anzahl von Führern und Edlen. Nicht alle Führer und nicht blofs Führer sind mit Wagen versehen, obgleich es eine Art Erfordernis für diese Stellung gewesen zu sein scheint, denn Pandaros sagt zu Aeneas, *E* 199, sein Vater habe ihn dringend aufgefordert, ἵπποισιν . . καὶ ἅρμασιν ἐμβεβαῶτα ἀρχεύειν Τρώεσσι κατὰ κρατερὰς ὑσμίνας. Doch hatte Pandaros bekanntlich seine Pferde aus Furcht vor Futtermangel daheim gelassen; wie sollten da, wenn ein königlicher Führer solche Besorgnis hegen mufste, ganze Reitergeschwader ihre Verpflegung finden?

Der Führer benutzt seinen Wagen zunächst, um zum Aufstellungsplatze seiner Leute zu fahren, wo er ihn verläfst, um dieselben zu ordnen, zu besichtigen oder durch eine Anrede anzufeuern. — Beim Vorrücken zum Gefecht, falls dasselbe nicht unmittelbar aus der Aufstellung beginnt, befindet er sich gewöhnlich auf seinem Wagen hinter der Reihe, verläfst denselben aber jedenfalls bei Beginn des Kampfes sofort; ja, das Herabsteigen vom Wagen ist geradezu als Zeichen dafür anzusehen, dafs der Held sich jetzt am Kampfe zu beteiligen gedenkt. Schon deshalb können die Wagen nicht vor den Reihen herfahren, wie Rüstow meinte, sie würden da nur ein Hindernis bilden. Gekämpft vom Wagen wird nur in ganz einzelnen Fällen bei der Flucht und der Verfolgung. Das hübsche Bild, welches uns der Dichter *Ο* 385 − 389 in wenigen Versen vorführt, indem er die Griechen von ihren Schiffen, die Troer von ihren Wagen herab kämpfen läfst, ist aus einer Verfolgungsscene entnommen, aber aufserdem auch in den folgenden Schilderungen sofort wieder gänzlich aufser acht gelassen (cf. darüber auch Hentze Anhang zu *O*, Einleitung pag. 104). — Der Wagen wird dann wieder bestiegen, wenn die Schlachtreihe durchbrochen und eine Entscheidung herbeigeführt ist; auf seiten der Besiegten, um durch schleunige Flucht der gerade in diesem Augenblicke besonders grofsen Gefahr zu entgehen, von den Siegern, um auf rascher Verfolgung dem Feinde Abbruch zu thun und womöglich einen hervorragenden Führer oder in kostbarer Rüstung prangenden Edlen zu erlegen. Daher rühmt Aeneas *E* 223 die hervorragende Tüchtigkeit seiner Rosse, wenn es gelte, κραιπνὰ μάλ' ἔνθα καὶ ἔνθα διωκέμεν ἠδὲ φέβεσθαι, und Aias ruft *N* 819 höhnend dem Hektor zu, er werde bald zu Vater Zeus flehen, dafs seine Rosse schneller sein möchten als der Habicht, wenn sie ihn auf eilender Flucht zur Stadt trügen. — Ist der Erfolg des Gegners kein entscheidender, der zu schneller Flucht drängt, sondern geht es fechtend zurück, so werden die Wagen nicht bestiegen; erst dann, wenn der Rückzug in Flucht ausartet. Kommt das Gefecht aus der Flucht wieder zum Stehen, so verläfst der den Seinen infolge der Schnelligkeit seiner Rosse oft weit vorausgeeilte Führer seinen Wagen wieder, um zu Fufs an dem neuen Kampfe teil zu nehmen. Doch nicht alle mit Wagen versehenen Helden benutzen denselben nur zu schleuniger Flucht; ein Beweis besonderen Mutes ist es, wenn ein Held es wagt, nachdem er den Wagen bestiegen, dem siegreich vordringenden Gegner entgegen zu fahren, um ihn aufzuhalten: ein Vorgang, der beinah zu den typischen Bildern in der Schilderung von Flucht und Verfolgung gehört.

Betrachten wir nun, um die eben skizzierte Verwendung der ἵπποι als die regelmäfsig den Schilderungen des Epos zu grunde liegende zu erweisen, eine Reihe von Stellen aus der Dichtung selbst, wobei es freilich nicht zu vermeiden ist, dafs mehrfach auch erst später zu besprechende Gebiete, Vorrücken, Angriff, Flucht und Verfolgung, von uns gestreift werden. — Für den Aufenthalt von Führer und Wagen während des Vorrückens zum Gefecht ist die Situation im Anfang des dritten Buches bezeichnend. Beide Heere rücken nach vollendeter Aufstellung einander kampfbereit entgegen. Als sie sich nahe gekommen, Γ 15, erblickt Menelaos den Paris, 21, welcher prahlerisch den Troern voranschritt und die griechischen Helden zum Zweikampfe herausforderte. Voll Freude, dafs endlich die Gelegenheit zur Rache an dem Frevler gekommen, springt er kampfbereit vom Wagen, 29: αὐτίκα δ' ἐξ ὀχέων σὺν τεύχεσιν ἆλτο χαμᾶζε. Als aber Paris ihn bemerkte ἐν προμάχοισι φανέντα, κατεπλήγη φίλον ἦτορ, 31, und wich in die Schar der Genossen zurück. Menelaos befand sich also noch nicht ἐν προμάχοισι, sondern hatte von seinem Wagen aus den Paris erblickt; er springt erst, weil er den Kampf mit ihm aufnehmen will, herunter und erscheint plötzlich zum Schrecken desselben in der vordersten Reihe. — Als nachher Paris sich zum Zweikampfe bereit erklärt hat, tritt Hektor mitten vor die Troer, 77, und drängt mit der Lanze die Reihen derselben zurück; dabei ist doch, ebenso wie unter ganz gleichen Verhältnissen vor Beginn des Zweikampfes zwischen Hektor und Aias, Η 55 ff., die Vorstellung unbedingt ausgeschlossen, als befänden sich etwa die Wagen der Führer vor der Front des Heeres. — Nach der Erklärung des Menelaos, 97—110, die er vor dem Heere stehend abgiebt, verlassen die achäischen und troischen Führer ihre Wagen, 113, und alle setzen sich nieder „gleichsam eine grofse Kampfrichtersitzung bildend" (Faesi), um dem Zweikampfe zuzuschauen, wofür doch gleichfalls die natürliche Voraussetzung ist, dafs die Wagen hinter den Reihen stehen. Auch von Priamus und Antenor, die aus der Stadt gefahren kamen, heifst es 265, 266 ἐξ ἵππων ἀποβάντες . . ἐς μέσσον Τρώων καὶ Ἀχαιῶν ἐστιχόωντο, d. h. doch wohl: sie verliefsen den Wagen da, wo die anderen Wagen standen, und gingen dann in den Raum zwischen beiden Heeren; eine Stelle, der natürlich nur im Zusammenhange mit der ganzen Situation Gewicht beizulegen ist.

Durch den verhängnisvollen Schufs des Pandaros war die Lage dann wieder eine völlig veränderte geworden. Beide Heere schicken sich zum Kampfe an und Agamemnon erfüllt seine Pflicht als Führer in vollem Mafse, indem er überall zur Schlacht anfeuert, Δ 223—225; ἵππους μὲν γὰρ ἔασε καὶ ἅρματα, die hielt der Wagenlenker abseits, 226, beauftragt, jederzeit bereit zu sein, den Oberfeldherrn aufzunehmen, wenn er vom Umherlaufen ermüdet. wäre 230, 231 αὐτὰρ ὁ πεζὸς ἐὼν ἐπεπωλεῖτο στίχας ἀνδρῶν.

Bei dieser ἐπιπώλησις kommt Agamemnon nun auch zu den Scharen des Diomedes, den er findet, 365, ἑσταότ' ἔν θ' ἵπποισι καὶ ἅρμασι κολλητοῖσι, und neben ihm steht sein treuer Wagenlenker Sthenelos. Also beide wohl bereit, jeden Augenblick loszufahren, um sich auf einen Gegner zu stürzen? Keineswegs, denn der Dichter führt fort:

> καὶ τὸν μὲν νείκεσσεν ἰδὼν κρείων Ἀγαμέμνων, ...
> τί πτώσσεις, τί δ' ὀπιπεύεις πολέμοιο γεφύρας;
> οὐ μὲν Τυδέι γ' ὧδε φίλον πτωσκαζέμεν ἦεν,
> ἀλλὰ πολὺ πρὸ φίλων ἑτάρων δηΐοισι μάχεσθαι, κ. τ. λ.

Warum aber die schweren Vorwürfe dem kampfbereiten Helden? Die folgenden Verse geben uns Aufschluſs darüber. Als nämlich Sthenelos den Vorwurf Agamemnons als unberechtigt durch Hinweis auf ihre früheren Thaten vor Theben zurückweisen will, fährt ihn Diomedes hart an, 411, 412: Agamemnon hat ganz recht, daſs er die Achäer zum Kampfe antreibt 414, das kommt ihm als Oberfeldherrn zu, ἀλλ' ἄγε δὴ καὶ νῶι μεδώμεθα θούριδος ἀλκῆς, und damit springt er vom Wagen, 419, um diese Worte wahr machen zu können, und es folgt, 421 ff., die Schilderung des beiderseitigen Zusammenstoſses, bei dem von Wagenkämpfern nirgends die Rede ist. — Der Tadel Agamemnons konnte also berechtigt erscheinen, weil sich Diomedes noch auf seinem Wagen befand, nicht als ob er sofort in den anderen Stellen bereits entbrannten Kampf sich stürzen wollte, sondern als ob er sich bereits wieder zur Flucht aus demselben rüstete, woran er in Wirklichkeit natürlich gar nicht dachte.

Im Gefecht selbst erscheint Diomedes zu Fuſs kämpfend, E 13, und geht nach seiner Verwundung zum Wagen zurück, 107, um sich durch Sthenelos den Pfeil aus der Wunde ziehen zu lassen; 249 rät ihm dieser beim Herannahen des Aeneas, den Wagen zur Flucht zu besteigen. Daſs ihm gleich im Anfange der Schlacht die Brüder Phegeus und Idäus entgegenfahren, den anderen Troern voraus, E 12, ist ein alleinstehender Fall, der dadurch, daſs Idäus nach dem Tode seines Bruders, ohne einen Versuch zum Schutze desselben zu wagen, 21, vom Wagen springt und davonläuft, sich mehr als ein Akt der Kopflosigkeit denn des Heldenmutes charakterisiert. Nach kurzem Kampfe schlagen die Achäer ihre Gegner zurück, 37, und Agamemnon tötet den Odios, der seinen Wagen bereits bestiegen und zur Flucht gewendet hat, 39, Idomeneus den Phaestos, 46, der gerade seinen Wagen besteigen will, weil es zur Flucht geht; ein vom Dichter häufig verwandtes Motiv.

Auch Hektor hat bei der allgemeinen Flucht den Wagen bestiegen, und erst weil die Vorwürfe Sarpedons ihm wehe thun, springt er herunter und ermutigt die Troer zu neuem Kampfe. Dieselben machen in der That kehrt, 497, und gehen den Achäern entgegen, die sie mutig erwarten, 498, während die Wagenlenker die bisher siegreich dem Fuſsvolke voran verfolgenden Rosse bei der plötzlichen Wendung der Troer schleunigst umlenken, 505, und durch die Reihen der zur Phalanx sich ordnenden Griechen hindurch hinter die Front fahren, um sich für den bald darauf neu beginnenden Kampf frei zu machen. Diese Auffassung der Stelle, die von der der Herausgeber, soweit sie mir bekannt sind, abweicht, will ich später in dem Abschnitte von der Flucht und Verfolgung näher zu begründen versuchen. — Bei dem unter Leitung Hektors und dem Beistande von Ares und Enyo nun erfolgenden Vorstoſse der Troer, E 591 ff., gehen die Griechen auf Weisung des Diomedes langsam zurück, 605, πρὸς Τρῶας τετραμμένοι αἰὲν ὀπίσσω εἴκετε, cf. 699—703; nur Menesthes und Anchialos hatten dem Befehle nicht entsprechend den Wagen bestiegen, offenbar zur Flucht, werden aber von dem vorher herankommenden Hektor beide getötet, 608, 609, cf. oben E 12. Alle anderen als Kämpfer genannten Helden erscheinen zu Fuſs, Aias 611, 615, 620 cet., Sarpedon 664, Tlepolemos 668, Hektor 681. Sehr bezeichnend ist es doch auch, daſs Hera und Athene nach ihrem Beschlusse: μεδώμεθα θούριδος ἀλκῆς,

718, den Wagen nur bis in die Nähe des Kampfplatzes benutzen, 775, und dann zu Fuſs in das Kampfgewühl sich mengen; auch Ares kämpft zu Fuſs 849 ff.

Daſs jetzt, wo die Achäer im Weichen waren, Diomedes, der sich hinter der Reihe bei seinem Wagen befand und sich die Wunde kühlte, 794 ff., es wagte, aufzusteigen und den siegreichen Troern entgegenzufahren, ist eine besonders tapfere That, die hier auf ausdrückliche Weisung der Athene, 829, und unter ihrem Beistande ausgeführt wird, und zu den schon oben erwähnten wiederkehrenden Bildern bei der Schilderung einer Flucht gehört. Erst kurz vorher hatten auch Aeneas und Pandaros den gleichen Heldenmut bewiesen. — Nachdem aber durch den Einbruch des Aias, der Ζ 6 Τρώων ῥῆξε φάλαγγα, die Widerstandskraft der Troer gebrochen war, besteigen sie ihre Wagen und fliehen wild zur Stadt, 41, oder werden auf den Wagen getötet, 17 ff. Auch Hektor ist zu Wagen und springt erst zum Zeichen, daſs die Flucht zu Ende sein und der Kampf unter dem Schutze der Mauer von neuem beginnen soll, herunter, 103. Die Troer machen dann wieder kehrt und gehen auf die Achäer los, die diesmal nicht stand halten, wie oben, sondern zuerst zurückweichen, 107. Die dann folgende Scene zwischen Glaukos und Diomedes, 119 ff., ist ziemlich unabhängig von der ganzen Situation und wenig in dieselbe hineinpassend behandelt. Wie Vers 232 ergiebt, sind beide zu Wagen gedacht, man könnte sagen, weil beide noch eben auf der Flucht oder Verfolgung sich befanden, doch kann diese Stelle allerdings nicht als beweisend für meine Auffassung angesehen werden. — Durch die Rückkehr des Hektor und Paris, Η 1 ff., ermutigt dringen die Troer von neuem vor, und Glaukos trifft den Iphinoos, (einen der drei mit Namen genannten Helden, deren Erlegung den allgemeinen Erfolg der Troer veranschaulichen soll,) wie er gerade auf den Wagen springen will, um die Flucht zu ergreifen, 15 ἵππων ἐπιάλμενον ὠκειάων.

Θ 77 hatte Zeus eine Panik unter die Griechen gesandt, so daſs alle fliehen; nur Nestor blieb zurück, weil sein Pferd verwundet war, 81; alle anderen benutzten also, soweit sie konnten, ihre Wagen zur Flucht. Das Pferd Nestors war von Paris durch einen Schuſs von vorn in den Kopf getroffen, 82, wie auch die beiden andern noch den Troern zugekehrt sind, denn Diomedes stellt sich, 100, schützend πρόσθ' ἵππων. Während nun Nestor noch damit beschäftigt ist, dasselbe aus dem Geschirr zu lösen, kommt Hektor, der zur Verfolgung seinen Wagen bestiegen hat, schon heran, 87 ff. Die Verwundung war also erst eben erfolgt, wahrscheinlich in dem Augenblicke, wo der Wagenlenker herangekommen war, um den Nestor zur Flucht aufzunehmen. — Übrigens wird auch an anderen Stellen erwähnt, daſs die Rosse unmittelbar hinter dem kämpfenden Helden mit den Köpfen nach dem Feinde gewendet sich befinden, z. B. Ν 385, Ρ 502. — Dem siegreich vordringenden Gegner fahren dann wiederum Diomedes und Nestor entgegen, aber Zeus hindert ihr kühnes Beginnen durch seinen Donner, und Hektor verfolgt weiter zu Wagen, Θ 184, die wild fliehenden Achäer, die sich im Graben durcheinander drängen, 214. Es entspricht nun durchaus der Situation, wenn 254 bei der plötzlich durch Zeus herbeigeführten Wendung Diomedes und die griechischen Führer ihre Wagen gegen die Troer wenden und troische Führer fliehend aus dem Wagen geschossen werden, 258; es ist das nur die Umkehrung des unmittelbar vorangegangenen Bildes. In dem daran sich schlieſsenden Kampfe, 261 ff., erscheinen die griechischen Helden, jedenfalls Teukros, Aias, Agamemnon, zu Fuſs; Hektor steht allerdings noch auf seinem Wagen, und kehrte vielleicht eben von der Flucht in den Kampf zurück, cf. 313 Ἕκτορος ἡνιοχῆα, ἱέμενον πολέμοιοδ βάλε, springt aber herunter, 320, um sich an Teukros für den erschossenen Wagenlenker zu rächen; der verwundete Teukros wird dann aus der Schlacht getragen, 334. Darauf wirft Hektor nach dem Willen des Olympiers an der Spitze der Troer die Griechen über den Graben zurück und fährt, als sie hinüber sind, offenbar nur ein Beispiel für das Verfahren der Führer überhaupt, am Rande desselben nach allen Seiten umher, ‚um einzelne etwa diesseits des Grabens gebliebene noch zu erlegen', (Ameis). — Die Nacht unterbricht dann den Siegeslauf der Troer, 485, 486, und Hektor führt die Seinen zum Skamander zurück, wobei natürlich alle, die einen Wagen haben, denselben benutzen. Erst beim Halt! steigen sie herunter, um in der Versammlung die Worte Hektors anzuhören, 492. — *Λ* 178 ff., am dritten Schlachttage, fliehen die Troer von Agamemnon gejagt, bis auf Iris Veranlassung die Flucht zum Stehen kommen soll; da springt Hektor vom Wagen, 211, eilt am ganzen Heere entlang, ordnet von neuem seine Scharen, und der Kampf nimmt wieder seinen Anfang. — *Λ* 284 ff. ist nach der Verwundung Agamemnons unter den Achäern allgemeine Flucht eingetreten, die nachdrängenden Troer erscheinen zum Teil zu Wagen, 289, während die beiden griechischen Helden, welche die Verfolger noch aufzuhalten suchen, Diomedes und Odysseus, zu Fuſs kämpfen auch gegen die zu Wagen anstürmenden Troer, 320, 328, 423. Ebenso kämpft Aias zu Fuſs, 544, und Hektor in der, wie mir zweifellos scheint, eingeschobenen Partie 336—369, bis er von Diomedes heftig gegen den Helm getroffen sich zurückzieht, 354; als er dann wieder zur Besinnung gekommen, besteigt er schleunigst seinen Wagen, 360, und ἐξέλασ' ἐς πληθύν, um sich an eine andere Stelle des Schlachtfeldes zu begeben; 498 ff. erscheinet er μάχης ἐπ' ἀριστερά .. πάσης μέρμερα ῥέζων ἔγχεϊ δ' ἱπποσύνῃ τε, und als der neben ihm stehende Kebriones, 522, sieht, wie von Aias bedrängt die Troer in wilder Flucht zurückgehen, 525 Τρῶες ὀρίνονται ἐπιμίξ, ἵπποι τε καὶ αὐτοί, da fährt er über das Schlachtfeld hin, 533, den bedrängten Seinen zu Hülfe, denn er ἵετο δῖναι ὅμιλον ἀνδρόμεον ῥῆξαί τε μετάλμενος, 537, und verrichtet im Kampfe zu Fuſs, 540, glänzende Thaten.

Regelmäſsig wird natürlich der Wagen benutzt, um den verwundeten Herrn aus dem Gefechte zurückzufahren. So springt Agamemnon, der nicht schwer verwundet war, auf seinen Wagen, *Λ* 273, 274, 280, 281, ebenso Diomedes, 399 ἐς δίφρον δ' ἀνόρουσε, um zu den Schiffen zu fahren, und Menelaos führt den getroffenen Odysseus aus dem Getümmel, 488, bis der Wagenlenker mit dem Wagen herankommt. Als Machaon, der zwar ein ποιμὴν λαῶν genannt wird, 506, und die κρατεραὶ στίχες ἀσπιστάων λαῶν . . Τρίκης ἐξ ἱπποβότοιο nach Troja geführt hatte, *Λ* 202, aber dennoch nicht zu Wagen kämpfte, verwundet war, bittet Idomeneus den Nestor, ihn auf seinem Wagen zu den Schiffen zu fahren; und nun besteigt der Reisige Nestor, *Λ* 517, der also gleichfalls zu Fuſs im Kampfe zugegen gewesen war, den Wagen und fährt mit dem Arzte zu dem Zeltlager. Dem Eurypylos, 842 ποιμένα λαῶν, war es nicht so gut geworden, denn er muſste sich, weil er keinen Wagen hatte, zu Fuſs nach den Schiffen schleppen, so sauer ihm das auch wurde, 811. — Um die schnelle Benutzung des Wagens auch während der Schlacht stets zu ermöglichen, war natürlich die Wahl des Wagenlenkers von höchster Wichtigkeit. Derselbe muſste mit den Rossen stets in der Nähe seines Herrn halten und oft mehr Mut und Energie entwickeln als der beste Kämpfer, damit es dem Herrn nicht ging wie dem Agastrophos, der von Diomedes verwundet nicht fliehen konnte, *Λ* 340, weil seine Pferde nicht in der Nähe waren, τοὺς μὲν γὰρ θεράπων ἀπάνευθ' ἔχεν. Namentlich wurden in dem Augenblicke, wo mit dem Beginne einer allgemeinen Flucht alles davonstürzte, während die Gegner vordrängten, an seine Treue, Zuverlässigkeit und Geschicklichkeit die höchsten Anforderungen gestellt, weil er trotz der allgemeinen Verwirrung, wohl oft genug gegen den Strom, an seinen Herrn heranfahren resp. auf denselben warten muſste, bis er den Wagen bestiegen hatte. Dieser Augenblick war für den Sieger besonders günstig zur Erlegung eines edlen Gegners, und darum wird auch im Epos so oft ein Held gefällt in dem Augenblicke, wo er gerade den Wagen zur Flucht besteigen will. Auf das innige Verhältnis, das deshalb zwischen Kämpfer und Wagenlenker bestand, ist schon oft hingewiesen, z. B. bei Köpke pag. 141 ff., und dafs die Stellung der Wagenlenker eine besonders gefährliche war, beweisen die vielen schweren und tödlichen Verwundungen, die das Epos unter ihnen vorkommen läfst. Namentlich war die gewissenhafte Erfüllung ihrer Aufgabe schwierig, wenn sie es mit unruhigen Pferden zu thun hatten, die in der Nähe des Kampfes nicht recht stehen oder ihrer Leitung nicht folgen wollten, wie es dem braven Kleitos, O 445 ff., dem Wagenlenker des Polydamas, ging, der πεπόνητο καθ' ἵππους, weil er sie immer nahe bei dem dichtesten Kampfgewühl zu halten suchte, 448, und von einem Pfeile des Teukros ὄπισθεν getroffen fiel, wie Faesi ansprechend erklärt zu 451, „indem er mit den unruhigen Pferden beschäftigt wohl in den Fall kommen konnte, dem Feinde den Rücken zuzukehren." Darum fing Polydamas die Rosse selbst auf und trug, ehe er wieder in die vorderste Reihe der Kämpfer trat, 457, dem Astynoos, der sie übernahm, persönlich auf, σχεδὸν ἴσχειν .. ἵππους. — Gerade deshalb wählte auch Patroklos den Automedon zu seinem Wagenlenker, Π 147, weil er bei ihm am sichersten darauf vertrauen konnte, dafs er ihm in der Schlacht μεῖναι ὁμοκλήν, also, während er selbst zu Fufs kämpfte, jederzeit bereit sein würde, auf seinen Zuruf ihn aufzunehmen. Als dann Automedon nach dem Tode des Patroklos den Alkimedon bereit gefunden hat, die Lenkung der Rosse zu übernehmen, während er selbst herunter steigen wolle, um kämpfen zu können, P 480 ἐγὼ δ' ἵππων ἀποβήσομαι, ὄφρα μάχωμαι, befiehlt er demselben ausdrücklich, die Rosse in seiner unmittelbarsten Nähe, 501 μάλ' ἐμπνείοντε μεταφρένῳ, zu halten. — Auch die Scene, in welcher der nur gelegentlich erwähnte Wagenlenker des Antilochos, Laodokos, vorgeführt wird, giebt uns einen erwünschten Aufschlufs in unserer Frage. Es heifst von ihm, P 699, dafs ihm Antilochos, der direkt aus dem Kampfe, in dem ihn Menelaos fand, P 683, θαρσύνονθ' ἑτάρους καὶ ἐπotρύνοντα μάχεσθαι, schnell die Nachricht von des Patroklos Tode zu Achilleus tragen sollte, die Rüstung übergab, Λαοδόκῳ, ὅς οἱ σχεδὸν ἔστρεφε μώνυχας ἵππους. Die Stelle ist bezeichnend für die Aufstellung des Wagens während des Gefechts. Denn wenn Antilochos ruhig Waffen und Rüstung ablegen und dem Wagenlenker übergeben kann, mufs sich derselbe unbedingt hinter der Linie der Kämpfenden befinden, wo er aufserdem allein den Raum fand, hin und her zu fahren, während der Herr in der σταδίη μάχῃ bald rechts, bald links gegen einen Feind vorsprang. Ebenso wird dadurch die Meinung ausgeschlossen, dafs sich hinter der Front eine ganze Reihe von Wagen befanden, denn dann wäre das ἔστρεφε, impf., unmöglich gewesen. Dafs Antilochos für seine höchst eilige Botschaft, 691 ff., lieber ohne Rüstung läuft, als seine Rosse, die freilich nicht die allerschnellsten waren, benutzt, könnte man auch als Beweis für die geringe Bewegungsfähigkeit der Wagen und somit ihre geringere Kampftüchtigkeit den Fufssoldaten gegenüber anführen.

Etwas anders gestaltet sich die Aufgabe der Wagenlenker an der für unsere Betrachtung gleichfalls wichtigen Stelle M 37 ff. Dort hatten auf den Rat des Polydamas dem Beispiel Hektors folgend, 61 ff., die Führer ihre Wagen verlassen, um schon diesseits des Grabens die Sturmkolonnen zu bilden und πεπτάχα κοσμηθέντες den Graben zu überschreiten. Nach gewöhnlicher Praxis hätten nun die Wagenlenker ihren Herren, die nicht bis zum Beginn des Gefechts zu Wagen bleiben wollten, nachfahren müssen, ev. hätten die Herren auch noch jenseits des Grabens ein Stück bis zur Mauer fahren können, wie die griechischen Führer beim Ausrücken. Polydamas aber fordert in weiser Vorsicht, dafs die Wagen schon jetzt verlassen werden und am Graben zurückbleiben, weniger wegen des schwierigen Uebergangs, als weil er die furchtbare Verwirrung fürchtete, die eintreten mufste, wenn der Sturm abgeschlagen wurde und die Achäer etwa einen Vorstofs machten, und dann Fufsvolk und Wagen zugleich den Graben passieren wollten. Darum erhalten also die Lenker den Befehl, M 85, ἵππους εὖ κατὰ κόσμον ἐρυκέμεν αὐθ' ἐπὶ τάφρῳ; darum mußte, N 535, Polites den verwundeten Bruder aus dem Gefecht führen bis zum Graben, wo er seinen Wagen fand, 537, und auch der verwundete Hektor wird von seinen Freunden bis zu den Pferden getragen, 430, οἵ οἱ ὄπισθε μάχης ἠδὲ πτολέμοιο ἕστασαν, und dann zum Skamander gefahren. — Asios war oben allein dem an die ἀγοί, M 61, gerichteten Rate des Polydamas nicht gefolgt, 108 ff., sondern mit seinen Rossen über den Graben gefahren, 119 ff., seine Leute aber kämpfen nur zu Fuß und auch Asios selbst erscheint bei dem Sturme auf die Mauer und im Gefecht als Fußkämpfer, Faesi zu M 137, wie er auch in dem späteren Kampfe innerhalb der Mauern, N 385, 386, zwar mit seinem Wagen, aber πεζὸς πρόσθ' ἵππων auftritt.

Kennzeichnend für die Auffassung des Epos von der Verwendung der ἵπποι in den Schlachten der Ilias ist auch die Stelle Ο 354 ff. Die Achäer sind auf wilder Flucht zu den Schiffen begriffen; Hektor, der bisher zu Fuß gekämpft, erscheint zur Verfolgung zu Wagen, 352, und mit ihm die Troer, 354 πάντες ὁμοκλήσαντες ἔχον ἐρυσάρματας ἵππους. Voran schreitet Apollo, um ihnen den Weg zu bahnen, und tritt, um jedes Hindernis des Überganges zu beseitigen, die Ränder des Grabens ein, ὅσον τ' ἐπὶ δουρὸς ἐρωὴ γίγνεται, 358, d. h. etwa auf eine Breite von 10—15 Schritt. Nehmen wir nun selbst eine Bahn von 20 Schritt Breite an, so können doch Wagengeschwader über einen solchen Raum unmöglich im Sturme vorgehen; derselbe reicht höchstens für wenige zu Wagen befindliche Führer aus. Mehr hatte aber eben auch der Dichter nicht im Sinne dabei. — Auch Patroklos und die Myrmidonen erscheinen, Π 278 ff., im Kampfe zu Fuß. Sie haben die Troer von dem Schiffe des Protesilaos verjagt, doch fliehen dieselben noch nicht προτροπάδην, 304, sondern leisten zurückgehend noch Widerstand. So lange noch ein wirklicher Kampf stattfindet, haben weder griechische, noch troische Führer den Wagen bestiegen; doch der Verlauf wird immer ungünstiger für die Troer, schon besteigt hier und da einer den Wagen, und Meriones tötet den Akamas ἵππων ἐπιβησόμενον, 343. Hektor aber, obwohl er γίγνωσκε μάχης ἑτεραλκέα νίκην 362, bleibt noch eine Weile im Gefecht und sucht den Rückzug zu decken, 363. Erst als die Griechen immer dichter heran drängen, besteigt er den Wagen und verläßt seine Mannen, 367, und ihm nach setzen in wilder Flucht die anderen Berittenen, 370, 375, 376, und das Fußvolk. Da erscheint auch Patroklos zu Wagen, 377 ff., überfährt die Fliehenden und jagt speciell dem Hektor nach, 382, ohne ihn einholen zu können. In dem dann von ihm angerichteten Gemetzel ist er wieder zu Fuß, 398, 404, 411, gleich darauf aber setzt er wieder mit den Rossen den flüchtigen Lykiern nach, deren Führer vom Wagen springt, um dem Patroklos im Kampfe entgegenzutreten. Als dieser seinen Gegner kampffertig sieht, springt er gleichfalls zu Boden, bereit sich ihm zu stellen, 426, 427. — Π 647 ff. will Zeus, nachdem das Gefecht eine Zeit lang gestanden, Patroklos den Ruhm verleihen, Hektor und die Troer bis zur Stadt zurückzuwerfen. Darum flößt er zuerst dem Hektor Furcht ein, der 657 ἐς δίφρον δ' ἀναβὰς φύγαδ' ἔτραπε, κέκλετο δ' ἄλλους Τρῶας φευγέμεναι. Ihm nach fliehen alle Mannen, nicht einmal die Lykier halten mehr stand, 659, während Patroklos, der gegen Sarpedon und um die Leiche desselben zu Fuß gekämpft hatte, sie zu Wagen verfolgt, 684, 685. Als dann Hektor, um die Flucht der Troer zu decken, auf die Aufforderung Apollos hin ihm entgegenfährt, 724, springt er vom Wagen, 733, und schleudert einen Felsblock gegen Hektor, durch welchen er seinen Wagenlenker Kebriones tödlich verwundet. Voll Grimm springt nun auch Hektor herunter, 755, und es entspinnt sich um die Leiche des Kebriones ein allgemeiner Kampf, in welchem, wie bei dem Kampfe am Schlusse des Buches, Hektor, Patroklos und alle Helden zu Fuß erscheinen. Wenn deshalb Hektor, Π 833, dem getöteten Gegner zuruft, daß zum Schutze der troischen Frauen und Kinder seine, Ἕκτορος, ὠκέες ἵπποι ποσσὶν ὀρωρέχαται πολεμίζειν, und Ameis erklärt ,auch die Rosse haben Anteil am Kampfe, sofern ihre Schnelligkeit von wesentlicher Bedeutung für den Erfolg des Wagenkämpfers ist', so kann ich mich dieser Erklärung nur insoweit anschliefsen, als ich die überaus wichtige Hülfe der Rosse darin sehe, dafs sie den Hektor schnell an eine besonders bedrohte Stelle hintragen, wie kurz vorher 728, oder ihn bei der Verfolgung dem Gegner rasch auf die Fersen bringen konnten.

Ganz übereinstimmend mit der bisher besprochenen Auffassung ist die gelegentliche Erwähnung des Wagens P 130. Hektor hatte an der Spitze der Troer, 107, den Menelaos von dem Leichnam des Patroklos verjagt und diesem die Rüstung abgenommen. Vor dem heranrückenden Aias aber weicht er erschreckt ἐς ὅμιλον .. ἑταίρων, 129, und der Dichter giebt dieser Furcht einen noch schärferen Ausdruck durch den Zusatz ἐς δίφρον δ' ἀνόρουσε. Der Wagen hielt also, da Hektor erst ἐς ὅμιλον wich und dann hinaufsprang, naturgemäfs hinter der Reihe. Was er auf dem Wagen thut, wird zwar nicht ausdrücklich gesagt; dafs er ihn aber nicht bestiegen, um zu kämpfen, und dafs das Besteigen des Wagens während des Kampfes nicht ein Zeichen von Mut war, beweist deutlich der Vorwurf des Glaukos, welcher den Hektor, 143, deshalb einen φύξηλιν nennt. Auch erscheint er sogleich wieder, um den Glaukos Lügen zu strafen, zu Fufs, 189, 190; ebenso in dem darauf sich entspinnenden heftigen Kampfe.

Die Erwähnung der ἵπποι P 740 ὣς μὲν τοῖς ἵππων τε καὶ ἀνδρῶν αἰχμητάων .. ὀρυμαγδὸς ἐπῄει, und Σ 153 αὖτις γὰρ δὴ τόνγε κίχον λαός τε καὶ ἵπποι, ist so allgemein gehalten, dafs man darunter eben so gut Geschwader wie einzelne Berittene oder die leeren Wagen der Führer verstehen kann. Ich habe natürlich die letztere Auffassung und sehe für Σ 153 eine Bestätigung derselben darin, dafs bei Homer das Wort λαός gewöhnlich im Gegensatz von Untergebenen zum Vorgesetzten gebraucht wird, einen Gegensatz, den ich auch hier in dem Zusatz ἵπποι finde, und der vielleicht richtiger ist als der noch im lex. hom. von mir angenommene Unterschied als pedites und ἵπποι als equites. An der vielfach angezweifelten Stelle, Σ 222, cf. Hentze Anh. Σ, Einl. p. 14, wo erschreckt über die Stimme und das Aussehen Achills die καλλίτριχες ἵπποι ἂψ ὄχεα τρόπεον, die ἡνίοχοι δ' ἔκπληγεν, verstehe ich unter den ἵπποι gleichfalls die hinterherfahrenden leeren Gespanne der Führer und Edlen, die urplötzlich sich umkehren, weil sie Unheil ahnen, und weil die Wagenlenker vor Schrecken den Kopf verloren haben, d. h. umwenden, ohne ihre Herren erst abzuwarten, ähnlich wie N 394 ff. Da sich das dreimal wiederholt, 228, die Wagenlenker haben inzwischen immer wieder gedreht, so ist es ganz erklärlich, dafs allmählich eine furchtbare Verwirrung entsteht, und dafs die zwölf φῶτες ἄριστοι in dem Getümmel umkommen, 230, als sie die Wagen mit den wild gewordenen Rossen besteigen wollen, indem sie wieder herunterfallen oder unter die Räder kommen und sich selbst spiefsen. φῶτες ἄριστοι sind es deshalb, weil nur solche ein Gespann besitzen.

Auffallend könnte die Erwähnung der ἵπποι Y 394 scheinen. Hektor hat sich auf Apollos Geheifs aus den vordersten Reihen der Kämpfer zurückgezogen, 376, und Achill auf die Troer einspringend, 381, wütet verheerend in ihren Reihen. Zuerst tötet er den Iphition, ἰθὺς μεμαῶτα, und frohlockt laut über die Erlegung dieses gefährlichen Gegners. Dann heifst es weiter, 394, τὸν μὲν Ἀχαιῶν ἵπποι ἐπισσώτροις δατέοντο πρώτῃ ἐν ὑσμίνῃ. Von einer allgemeinen Verfolgung, bei der die Achäer ihre Wagen bestiegen hätten, ist keine Rede, und dafs gerade ganze Geschwader über den Leichnam wegfahren sollten, ist doch auch unwahrscheinlich. Es ist damit wohl Achills Wagen gemeint, der dem Helden nachgefahren und auch 490 ff. gleich zur Hand war. Ganz natürlich ist es dagegen, dafs die Troer voll Entsetzen über Achills Morden an schleunigste Flucht denken und ihre Wagen besteigen, und es entspricht sehr genau der Situation, wenn Achill gleich darauf, Y 401, den Hippodamas' tötet καθ' ἵππων ἀίξαντα; ich schliefse mich dabei der Erklärung an, die Faesi giebt: ‚er sprang wohl herab, da der dem Feinde zugekehrte Streitwagen nicht so schnell zu wenden war, und Rettung durch Flucht ihm so eher möglich schien'. Nach dem kurzen Kampfe mit Hektor, 419 ff., schlachtet Achill die Troer auf wilder Flucht in Massen hin; die Söhne des Bias ἄμφω . . ἐξ ἵππων ὦσε χαμᾶζε, 461. und zwischen vielen zu Fufs den Rigmos wieder zu Wagen, 487. Derselbe hatte offenbar Widerstand versuchen wollen, denn Achill traf ihn in die Brust, seinen Wagenlenker dagegen, der rasch die Rosse gewendet hatte, in den Rücken, 488. Dann sehen wir ihn selbst zu Wagen durch die gescheuchten Troer hindurchfahren und sie auseinander sprengen, Φ 3, wobei die eine Hälfte in vollständiger Verwirrung, ἐπιμὶξ ἵππων τε καὶ ἀνδρῶν, Φ 16, in den Flufs gejagt wird. Im Flusse wie bei allen folgenden Kämpfen erscheint Achill zu Fufs, vom Wagen ist nirgends die Rede; nach dem Tode Hektors dagegen ist der Wagen auch sofort wieder zur Hand, Χ 389.

Die besprochenen Stellen werden, so hoffe ich, für ausreichend erachtet werden können zur Begründung der vorangeschickten Skizze von der Verwendung der Wagen und zur Gewinnung einer bestimmten Grundlage für die Besprechung der folgenden Abschnitte. Noch mehr Stellen heranzuziehen, obgleich noch mancherlei zu erläutern übrig bleibt, hindert mich der beschränkte Raum und die Sorge, gar zu einförmig zu werden. Auf einzelne Punkte werde ich gelegentlich noch später kommen müssen.

Folgen wir nunmehr dem Heere, welches nach beendigter Aufstellung und nach der Ermahnung und Unterweisung durch die Führer von dem Aufstellungsplatze in den Kampf vorrückt.

Vorrücken zur Schlacht.

Im Epos findet dieser Vorgang, der natürlich nicht solche Mannigfaltigkeit und Abwechselung bot wie das Gefecht selbst, nur eine einmalige eingehende Schilderung, am ersten Schlachttage. Ein Zeichen für das gleichzeitige Vorrücken der ganzen Linie, etwa vom Oberfeldherrn gegeben, wird nirgends erwähnt; es erscheint auch in dieser Beziehung die volle Selbständigkeit der einzelnen Stammesfürsten gewahrt, cf. Δ 427: ἐπασσύτεραι Δαναῶν κίνυντο φάλαγγες νωλεμέως πολέμονδε, κέλευε δὲ οἷσιν ἕκαστος ἡγεμόνων. Wenigstens findet Agamemnon bei seiner ἐπιπώλησις unmittelbar vor Beginn des Kampfes die einzelnen Stämme in ganz verschiedener Vorbereitung begriffen: Δ 232 καὶ οὕς μὲν σπεύδοντας ἴδοι . . θαρσύνεσκε, 240 ηὕστινας αὖ μεθιέντας ἴδοι . . νεικείεσκε. Die Kreter rücken bereits vor 251 ff., ebenso die Mannen der beiden Aias 281 ff., auch Nestor hat seine Aufstellung beendet und giebt den Seinen eben die letzten Weisungen 294 ff.; Menestheus aber mit den Athenern und dicht dabei Odysseus mit den Kephallenern hatten noch nichts von dem Kampfrufe gehört, 331, mit dem an anderer Stelle Kämpfende bereits das Gefecht eröffnet hatten, vielmehr fingen hier, 332 ff., die beiderseitigen Heeresabteilungen eben an, sich in Bewegung zu setzen. — Die Verse Δ 334 ff. fasse ich etwas anders auf als die mir bekannten Erklärer. Es heifst da von den Scharen der Athener und Kephallener: οἱ δὲ μένοντες ἕστασαν, ὁπότε πύργος Ἀχαιῶν ἄλλος ἐπελθὼν Τρώων ὁρμήσειε καὶ ἄρξειαν πολέμοιο. Ich sehe das Verbum ὁρμήσειε als Prädikat zu πύργος, ἄρξειαν aber als Prädikat zu οἱ δὲ μένοντες an und erkläre: sie waren noch nicht im Vorrücken begriffen, sondern standen schlagfertig wartend da, bis ein anderer πύργος Ἀχαιῶν d. h. eine geschlossene

Schar zu ihnen stiefse, um auf die Troer loszurücken, und sie dann gemeinschaftlich mit diesem πύργος den Kampf begännen. Düntzer, der zu der Stelle nur anmerkt ‚καί und dann' scheint die gleiche Auffassung zu haben, während Faesi, Ameis, La Roche ἄρξειαν auf πύργος beziehen, wobei die ersteren beiden konsequenterweise hinzufügen ‚die K. und A. wollten erst mit dem zweiten Treffen sich am Kampfe beteiligen'. Aber die Annahme eines zweiten. Treffens, einer zweiten Linie, findet weder durch unsere, noch durch andere Stellen eine Unterstützung. Der Grund des Wartens scheint mir nur darin zu liegen, dafs der Kampf sich auf der ganzen Linie gruppenweise, an dieser Stelle erst jetzt, entwickelt. Man könnte sich den Verlauf so vorstellen, dafs da, wo der Schufs des Pandaros gefallen war, zuerst zu den Waffen gegriffen wurde, und sich das Vorrücken mit dem Kriegsrufe allmählich fortpflanzte, wobei die Voraussetzung, dafs das ganze Heer den Schufs gesehen habe, natürlich fallen gelassen ist. Darum sagt ihnen auch Agamemnon 340: ‚warum steht ihr und wartet auf andere? Ihr müfstet die ersten sein, die den Kampf beginnen; jetzt aber schaulet ihr vielleicht noch behaglich und unthätig zu, wenn auch schon zehn πύργοι vor euch in den Kampf verwickelt wären'. Dafs der Dichter den Odysseus nicht entfernt daran denken läfst, im zweiten Treffen vorzugehen, und dafs zu einer solchen Annahme auch in der ganzen Situation keine Veranlassung war, geht aus der entschiedenen Antwort des Odysseus hervor, der die ganze Rede Agamemnons als ἀνεμώλια βάζειν, 355, bezeichnet, weil er, so oft der Kampf mit den Troern beginne, stets in der vordersten Reihe mit dem Gegner kämpfe. Auch den Diomedes, den wir uns auf dem Flügel der Gesamtaufstellung zu denken haben, fand Agamemnon, 365, wie schon oben besprochen, noch nicht am Kampfe beteiligt; derselbe springt erst nach den Worten Agamemnons vom Wagen, und da beide Heere sich sehr nahe stehen, ist der Kampf bald auf der ganzen Linie entbrannt. — Auch Υ 329 waren die Kaukonen noch mit den Vorbereitungen beschäftigt, obwohl an anderen Stellen die Schlacht schon lange gewütet hatte.

Bei dem Vorrücken zum Gefecht aus der ersten Staffel, das unmittelbar nach der Aufstellung stattfand, Γ 2 ff., ehe die Heere sich so nahe gegenüber standen wie bei dem Schusse des Pandaros, war als ein wesentlicher Unterschied zwischen den Griechen und Troern hervorgehoben, dafs die Troer κλαγγῇ τ' ἐνοπῇ τ' ἴσαν, ὄρνιθες ὥς, ἠΰτε περ κλαγγὴ γεράνων πέλει οὐρανόθι πρό, κ. τ. λ. während die Achäer vorgingen, 8, σιγῇ μένεα πνείοντες . . . ἐν θυμῷ μεμαῶτες ἀλεξέμεν ἀλλήλοισιν. Diese Vergleichung der beiden Heere wird Δ 429 ff. gewissermafsen wieder aufgenommen und noch schärfer durchgeführt. Es kann nun unmöglich die Absicht des Dichters gewesen sein, hervorzuheben, dafs die Troer unter Kampfgeschrei sich ins Gefecht gestürzt, während die Griechen in lautloser Stille verharrt hätten, da an anderen Stellen, ja, fast regelmäfsig diese natürliche Äufserung des Mutes bei beiden Völkern ausdrücklich erwähnt wird, und hier gerade etwas die Troer Herabsetzendes angeführt werden soll. Mir scheint nun, man mufs scharf und bestimmt unterscheiden zwischen der Stille während des Vorrückens aus der Aufstellung zum Gefecht, bei dem nur die Kommandoworte der Führer gehört werden dürfen, Δ 428—431, und dem Schlachtgeschrei, welches dem Angriffe, dem beginnenden Gefechte, unmittelbar vorangeht. Das Vorrücken aus der Aufstellung bis zum Zusammenstofse konnte in Wirklichkeit, weil wir uns die beiderseitigen Sammelplätze nicht zu nah denken dürfen, ziemlich lange Zeit in Anspruch nehmen, und es zeigt sich eben darin die Disciplin der griechischen Truppen im Gegensatz zu den troischen, dafs sie Ruhe im Gliede halten; ἀκὴν ἴσαν, οὐδέ κε φαίης τόσσον λαὸν ἕπεσθαι ἔχοντ' ἐν στήθεσιν αὐδήν, σιγῇ, δειδιότες σημάντορας. Die Troer aber schwatzen und lärmen wie Kraniche, die sich zum Abzuge rüsten, oder wie eine Herde ungemolkener Schafe. Der Schlachtruf klingt aufserdem auch ganz anders als das Blöken von

Schafen trotz der Sprachenverschiedenheit bei den Troern, und das hier gebrauchte Wort
ἀλαλητός, 436: ὡς Τρώων ἀλαλητὸς ἀνὰ στρατὸν εὐρὺν ὀρώρει, bedeutet gar nicht Kriegs-
geschrei, sondern wie meist tumultuarischen Lärm, vgl. z. B. *Η* 149, wo es ganz ähnlich heißt:
τοὶ δ᾽ ἀλαλητῷ νῆας ἔπ᾽ ἐσσεύοντο, oder *Σ* 149, wo von den Θεσπεσίῳ ἀλαλητῷ ὑφ᾽
Ἕκτορος ... φεύγοντες berichtet wird. — Wie verkehrt wäre es auch, annehmen zu wollen,
daß die Troer, wenn ihr Verhalten hier typisch sein soll, während des Vorgehens von der Aufstellung bis zum Zusammentreffen mit dem Gegner geschrieen haben sollten; die Leute wären
ja vor lauter Schreien atemlos und völlig entkräftet an den Feind herangekommen. Ebensowenig ist es für die Griechen typisch, daß sie den Kampfruf nicht erheben, wie wir noch
wiederholt sehen werden. Nein, was später von den Doriern gerühmt wurde, daß sie in lautloser Stille festgeschlossen vorrückten, wobei die Befehle von den Führern leise durch die Unterführer an die Mannschaften gegeben wurden, das finden wir hier in den ersten Spuren in bewußter
Anwendung vor. Die Griechen marschieren schweigend, wie sich das für ordentliche Krieger gehört,
während die Barbaren den Mund nicht halten können und in allen Sprachen durcheinander
schwatzen. Der Kampfruf erfolgt erst später, und daß er auch für diese Situation nicht
ausgeschlossen werden soll, beweist der schon oben erwähnte Vers 331: οὐ γάρ πώ σφιν ἀκούετο
λαὸς ἀυτῆς.

Dies Vorrücken aber unter lautloser Stille setzt schon eine gute Disciplin voraus und ist
nur möglich, wenn es in guter Ordnung und einigermaßen geschlossener Aufstellung, wie wir sie
angenommen haben, vor sich geht. Den Doriern wird dadurch keineswegs der Ruhm streitig
gemacht, den Angriff in geschlossener Reihe erfunden zu haben (cf. Duncker a. O. III pag. 376,
Thuc. V 70), denn erst mit der von ihnen eingeführten Musik ist die Möglichkeit gegeben, im
Tritt zu marschieren, und nur eine im Tritt marschierende Kolonne kann eine festgeschlossene
Front auch auf längere Zeit festhalten. — An eine Geschlossenheit der Gesamtaufstellung ist
natürlich gar nicht zu denken, wenn die Stämme nicht einmal gleichzeitig vorrückten, und es
mußten allmählich zwischen den einzelnen Stammeshaufen ganz erhebliche Verschiebungen ent-
stehen, durch die z. B. der Wagenlenker leicht vor die Front zu seinem Herrn, und umgekehrt
dieser zu seinem Wagenlenker zu gelangen vermochte, oder einzelne Helden die Schlachtreihe
verlassen konnten, weil sie verwundet waren oder sich neue Waffen holen wollten.

Daß das Vorrücken im Schritt erfolgt, um die Kräfte nicht vorzeitig zu verbrauchen und
die Reihen nicht zu lockern, ist selbstverständlich, auch wenn uns Herodot nicht, VI 112, ausdrücklich versicherte, daß bei Marathon zum ersten Male von den Griechen ein Angriff im
Laufschritt gemacht sei. Daß die Lanzen dabei hochgehalten, vielleicht über die Schulter
getragen werden, erfordert das Marschieren in der Kolonne und soll wohl auch durch den
Ausdruck, *Δ* 281, πυκιναὶ κίνυντο φάλαγγες .. σάκεσίν τε καὶ ἔγχεσι πεφρικυῖαι angedeutet werden.

In der ersten Reihe befinden sich die besten Helden, den Hauptführer aber finden wir wiederholt seinen Scharen voranschreitend, was bei Paris *Γ* 16 ff. als eitle Prahlerei erscheint, weil die
Heere einander noch nicht in Schußweite gekommen waren und bloß mit Bogen und Schwert
bewaffnet den Kampf mit einem achäischen Helden, zu dem er herausfordert, doch nicht hätte
annehmen können. So schritten die beiden Aias ihren Mannen voran in den Kampf *Δ* 274,
Hektor *Ε* 592, *Ν* 136, *Ο* 306, *Ρ* 107, 263, Poseidon den Griechen *Ξ* 384, natürlich stets zu
Fuß, und der Führer ist es, der gern den ersten Speer in die Reihen der Feinde schleudert, den
ersten Gegner erlegt. Erfolgt ein Zusammenprall der beiden Heere, so tritt er natürlich in die
erste Reihe zurück und ist überhaupt, auch wenn er nicht zu Wagen nachfährt, keineswegs auf

diesen Platz beim Vorrücken angewiesen; so heifst es *J* 253, 254 von Idomeneus ἐνὶ προμάχοις, von Meriones πυμάτας ὤρυνε φάλαγγας, d. h. jener feuerte in der ersten, dieser in den letzten Reihen die Krieger zum Kampfe an.

Stehendes Gefecht.

Bei dem Kampfe im freien Felde, der uns in seinen verschiedenen Phasen mit mannigfaltiger Abwechselung bunter Einzelbilder, wie sie der Würfel des Krieges zusammenwirft, im Epos vorgeführt wird, sind zwei verschiedene Gefechtsarten, die gleichsam die Bestandteile eines jeden Kampftages bilden, von einander zu unterscheiden. Das stehende Gefecht, bei welchem auf beiden Seiten die Gesamtheere schlagfertig in einiger Entfernung sich gegenüberstehen, aber immer nur einzelne Krieger oder kleinere Gruppen auf dem zwischenliegenden Raume sich bekämpfen, und der Angriff einer gröfseren Masse in geschlossener Phalanx auf die feindliche Linie gerichtet, der den Durchbruch oder das Zurückdrängen derselben erzwingen soll. Beide Kampfesarten verhalten sich in mancher Beziehung ähnlich zu einander wie das stehende Feuergefecht zu dem Einbruchsversuch mit dem Bajonett der modernen Fechtweise. — Sichere und schnelle Entscheidung bringt allein das Durchbrechen der feindlichen Reihen mittels des gewaltsamen Angriffs in geschlossener Kolonne, und darum ist dies Zweck und Ziel jedes Kampfes. Das stehende Gefecht kann nur als Vorbereitung des Vorstofses oder als Pause zwischen mehreren auf einander folgenden Vorstofsversuchen angesehen werden. Der Durchbruchsversuch wird in der Wirklichkeit immer nur eine verhältnismäfsig kurze Zeit in anspruch nehmen; bei dem blutigen Ringen, Auge in Auge mit dem Gegner, mufs es sich sehr bald zeigen, ob der Vorstofs durchführbar ist, d. h. ob die feindliche Reihe durchbrochen wird und weicht, oder ob die Widerstandskraft des Gegners unterschätzt war. Dem gelungenen Durchbruche folgen Flucht und Verfolgung auf dem Fufse; ist der Versuch zurückgewiesen, so folgt ein stehendes Gefecht, um Kräfte zu sammeln, oder es gilt auch, nun einen Vorstofs des Gegners abzuwehren. Oft wird auch der beabsichtigte Angriff nicht durchgeführt. Die Gegner erwarten den anrückenden Feind in geordneter, geschlossener Aufstellung, dieser aber kommt nur bis auf eine kurze Entfernung heran und liefert nur ein stehendes Gefecht, bis ihm etwa der Zeitpunkt günstiger erscheint. Auch kann ein geworfener, fliehende Gegner, wenn ihm irgend eine unverhoffte Hülfe wird, auf den Befehl eines Gottes oder eines tapferen Führers, sich wieder setzen und sammeln und so dem Verfolger Veranlassung geben, auch seinerseits die aufgelösten Scharen wieder zu ordnen und von neuem ein stehendes Gefecht zu beginnen, einen Vorstofs zu versuchen oder auszuhalten. Jedenfalls stehen beide Gefechtsarten im engsten Zusammenhange mit einander, entwickeln sich aus einander, finden nach einander, aber auch neben einander an verschiedenen Stellen der Schlachtreihe statt, — z. B. wird *P* 354—365 ein Kampf in geschlossener Phalanx geschildert, während gleichzeitig, 370 ff., ein stehendes Gefecht geliefert wird — immer aber derartig, dafs wie in der Wirklichkeit, so auch in den Schilderungen des Epos das stehende Gefecht die Grundlinie bildet, aus der die einzelnen Vorstöfse sich entwickeln, bald hier bald da hervorschiefsen und sehr häufig wieder zur Linie zurückkehren.

Ehe ich nun aber zur Besprechung der Dichterstellen selbst übergehe, welche die vorstehende kurze Skizze erläutern und bestätigen sollen, mufs ich noch ein Wort vorausschicken über die

Verwendung, welche nach meiner Auffassung die im Epos gegebenen Kampf- und Schlachtenbilder für unsere Frage finden sollen. Homer hat zwar bei einzelnen Zügen seiner Schlachtenschilderungen ganze Massen im Auge; so wenn er von dem Vorrücken spricht, bei dem die Erde bebt und gewaltige Staubwolken die Sonne verdunkeln, oder wenn er die feindlichen Heere zusammenprallen läfst wie zwei Bergströme, die sich in eine gemeinsame Schlucht ergiefsen; wenn er wiederholt hervorhebt, dafs gewaltige Kampfesnot die Achäer oder die Troer bedränge, oder wenn er von den einschlagenden Geschossen die Mannen niedersinken lässt; in den eigentlichen Schilderungen aber giebt er nur Einzelscenen, er beschreibt uns den Kampf nicht, wie er auf der ganzen Linie tobt, sondern nur, wie er sich an einzelnen Punkten derselben entwickelt. Wohl führt er uns gelegentlich an eine andere Stelle des Schlachtfeldes, aber ohne durch mehr als eine kurze Andeutung zu bezeichnen, dafs die Aktion an den verschiedenen Punkten einem gemeinsamen grofsen Zwecke dient. Er beschreibt nicht die tapferen Thaten von Stämmen oder ganzen Heeren, sondern fast nur von einzelnen Helden. Wenn er aber am Abend des Schlachttages die Walstatt von Toten bedeckt sein läfst, Θ 491 ἀγορὴν ποιήσατο .. Ἕκτωρ ἐν καθαρῷ, ὅθι δὴ νεκύων διεφαίνετο χῶρος, cf. K 199, 349, so dafs sogar schon das schändliche Gewerbe der Schlachtfeldhyänen als ganz bekannt erscheint, K 343, und Diomedes mit Odysseus durch Rüstungen und dunkles Blut dahinschreiten K 298, wenn die Erde vom Blute trieft Δ 451, und viele von den Troern und Achäern neben einander in den Staub gestreckt liegen Δ 544, so wissen wir, dafs nicht nur einzelne Helden an einzelnen Punkten gekämpft, die andern aber gemütlich zugeschaut haben, sondern dafs sich ganze Massen im Kampfe gegenüber gestanden haben, wir wissen, dafs der Dichter mit seinen Einzelschilderungen uns nur Einzelfiguren aus dem Gesamtgemälde giebt, gewissermafsen als Beispiele, um den ganzen Verlauf einer Schlacht zu illustrieren. Gewifs kommen auch Zweikämpfe vor, bei denen das ganze Heer zuschaut, und das namentliche Herausfordern eines einzelnen Gegners bei dem stehenden Gefechte, das mit dieser Kampfesart wohl zu vereinen ist, mochte wohl manchem tapferen Helden Gelegenheit geben, einmal an einem besonders gefährlichen Gegner seine Tüchtigkeit und seinen Mut glänzend zu bewähren. Der eigentliche Erfolg aber wird nicht errungen durch Erlegung eines einzelnen, wenn auch noch so tüchtigen Gegners, sondern durch die gewaltsam erzwungene Flucht des gesamten feindlichen Heeres. Dafs für die Erreichung dieses Zieles der Mannesmut des einzelnen hervorragenden Helden eine ganz andere Bedeutung hat als in den Kämpfen späterer Zeiten, ist ganz selbstverständlich; man darf aber nicht vergessen, dafs nach der im ganzen Epos vertretenen Anschauung, wie sie eben eine bereits hoch entwickelte Kultur naturgemäfs mit sich bringt, der Krieg als eine ernste Sache aufgefafst, als eine schwere Last empfunden wird, die nur aus dringender Notwendigkeit ertragen, deren baldiges Abwerfen aber mit allen Kräften erstrebt wird, nicht als ein nobler Sport einzelner Helden, dafs Vernichtung des Gegners der Zweck des Kampfes ist, und dafs alle Mittel, die demselben dienen, erlaubt und recht sind, ohne dafs man sich etwa über Anwendung des λόχος sentimentale Gedanken zu machen hätte.

Dafs es bei uneingeschränkter Anerkennung der Wirkung hervorragenden Heldenmutes Phantasie des Dichters, natürlich durchaus berechtigte, ist, wenn ein einzelner Held, wie Achill, ganze Heere in die Flucht schlägt, ist selbstverständlich. Der Mythos hat dann den Helden zum Vertreter eines ganzen Stammes gemacht; in der Taktik der heroischen Zeit war eine Kunst nicht lehrbar, und wir dürfen einen solchen Vorgang nicht als der gewöhnlichen Schlachtenwirklichkeit entnommen ansehen. Wohl aber dürfen wir, meine ich, aus den zahlreichen Einzelvorgängen und Einzelbildern, die der Dichter in anschaulicher Darstellung uns vorführt, verallgemeinernd uns ein Durchschnittsbild von dem Gesamtverlaufe eines Gefechts in jener Zeit zusammensetzen, und es können gleich die ersten im Epos geschilderten Kampfscenen diesem Zwecke dienen.

Beide Heere sind nach dem Schusse des Pandaros auf einander losgerückt und befinden sich, nachdem ein kurzer Zusammenstofs stattgefunden, der offenbar zu keinem Ziele geführt hat, (denn nur ein solcher kann in den Versen $\varDelta$ 446—456 gezeichnet sein), mitten in einem stehenden Gefechte. Aias hat den Simoeisios πρῶτον ἰόντα, 480, tödlich getroffen, auf ihn schiefst deshalb καθ' ὅμιλον des Priamus Sohn Antiphos, trifft aber nicht den Aias, sondern den Leukos, welcher den Leichnam nach der griechischen Seite hinüberziehen will, 492, also dicht neben Aias steht. Nun geht Odysseus voll Zorn über den Tod seines Freundes — die bei der Aufstellung oben angenommene Ordnung ist für die Einzelscenen völlig fallen gelassen — durch die πρόμαχοι hindurch, 495, tritt ganz nah an die Troer heran und schwingt seinen Speer zum tödlichen Wurfe nach beiden Seiten sich umschauend. Die Troer aber voll Furcht vor dem aus sicherer Hand und unmittelbarer Nähe drohenden Schusse drängen angstvoll zurück, und vor dem einschlagenden Speere weicht die ganze Reihe der πρόμαχοι samt Hektor ein Stück rückwärts, 505, den von Odysseus getöteten Demokoon liegen lassend. Diesen günstigen Augenblick benutzen die Achäer zu einem raschen Vorstofse und ziehen unter lautem Jubelrufe die Leichname des Simoeisios, Demokoon und Leukos zu sich hinüber. — In ganz ähnlicher Weise läfst der Dichter $\varPi$ 582 ff., um das energische, furchtbare Vordringen des Patroklos zu schildern, vor einem Steinwurfe desselben, der dem Sthenelos das Genick bricht, die πρόμαχοι samt Hektor um eines Speerwurfs Länge zurückweichen und die Achäer sofort nachdringen, bis Glaukos sich plötzlich wieder umdreht und den ersten Achäer, der ihm zu nahe gekommen war, niederstöfst. Dieses Zurückweichen einer ganzen Reihe, natürlich wohl nur soweit als sie durch den Speerwurf bedroht war, vor dem aus geringer Entfernung mit grofser Sicherheit geschleuderten Geschosse eines gefürchteten Gegners, mehrfach vom Dichter erwähnt und gewifs aus dem lebendigen Hergange einer Schlacht entnommen, ist wohl kein Zeichen besonderer Feigheit, sondern eher einer natürlichen Kopflosigkeit, die dem drohenden Gegner einen Vorteil läfst, statt ihm durch einen Schufs aus der Reihe zuvorzukommen. Es ist aber auch aufserdem ein gefährlicher Augenblick, weil ein solches Zurückweichen leicht zu einem wirksamen Vorstofse vom Gegner benutzt werden kann, wie es $\varPi$ 592 der Fall war: daher das sofortige Eingreifen Apollos an unserer Stelle, der über diese Schlaffheit der Troer erzürnt, 507, ihnen energisch zuruft, nicht zu weichen.

Nicht immer gelingt es aber dem Sieger, diesen Moment zur Beraubung des gefallenen Gegners auszunutzen. O 573 war Antilochos ebenso wie hier Odysseus aus der vordersten Reihe der Kämpfenden vorgesprungen und hatte aus nächster Nähe einen tödlichen Schufs in die troischen Reihen auf den Melanippos abgegeben, vor dem die Umgebung desselben angstvoll zurückgewichen war. Als er aber diesen Augenblick benutzen will, die Rüstung zu rauben, 583, springt Hektor auf ihn los, und vor ihm läuft Antilochus eiligst davon, ohne sich eher umzudrehen, als bis er bei der Schar der Seinen angekommen war. Bei diesem Anblick hatten auch die anderen Troer sich schnell wieder ermannt und schiefsen nun dem Davonlaufenden unter lautem Geschrei einen Hagel von Geschossen nach, aber — und auch das ist gewifs aus dem Leben genommen — nun trifft ihn kein einziger mehr.

Während Apollo die Troer ermutigt, geht Athene an den Reihen der Griechen entlang, $\varDelta$ 516 αὐτὰρ 'χαιοὺς ὦρσε Διὸς θυγάτηρ . . ἐρχομένη καθ' ὅμιλον, ὅθι μεθιέντας ἴδοιτο. Das μεθιέναι bei dieser Art von Gefecht, an dem immer nur einzelne Krieger oder kleinere Gruppen beteiligt sind, besteht wohl darin, dafs die betr. Krieger hinter ihrem Schilde gedeckt ruhig auf ihrem Platze stehen, ohne in die feindliche Reihe oder auf einzelne vorgesprungene Gegner zu schiefsen oder selbst zu einem sicheren Schusse vorzugehen, wobei sie allerdings leicht dem Gegner eine oft wirksam ausgenutzte Blöfse geben konnten. Da sinkt Dioreus von einem Steinwurfe des Thrakerfürsten Peiroos getroffen in den Staub und streckt hülfeflehend die Hände nach den Genossen aus, 523. Kühn springt der Thraker auf ihn los, um ihm den Todesstofs zu versetzen und dann wieder zurückzueilen. Das eine gelingt ihm, aber wie er nach dem Speerstofse sich wendet, verwundet ihn Thoas mit der Lanze und tötet ihn mit dem Schwerte. Als er ihm aber auch die Rüstung nehmen will, dringen die Thraker vor und halten ihre langen Lanzen gefällt über dem Leichnam, so dafs Thoas zurückweichen mufs und beide Leichen zwischen den Heeren liegen bleiben. Um ihren Besitz entspinnen sich dann noch blutige Kämpfe, 538, 543, 544.

Nach dem gewaltigen Thaten, welche der Dichter den Diomedes in seiner Aristeia unter dem Schutze der hehren Kriegsgöttin selber hat vollbringen lassen, führt er uns E 494 ff. wieder das Bild eines stehenden Gefechtes vor. Die Troer hatten sich von ihrer Flucht gewendet und gesammelt und rücken nun den Achäern, die sich inzwischen gleichfalls wieder geordnet aufgestellt haben, entgegen. Die Danaer halten stand, und Agamemnon trifft mit der Lanze den Deikoon, der in der vordersten Reihe neben Aeneas steht, 534. Dieser springt sofort vor und tötet die beiden Söhne des Diokles, 541; darob ergrimmt tritt Menelaos aus der Reihe der Vorkämpfer ihm entgegen, 562, von Ares verblendet, der seinen Tod durch Aeneas Hand will. Antilochus aber sieht das gefährliche Vorgehen des Königs, geht gleichfalls $\delta\iota\grave{\alpha}$ $\pi\varrho o\mu\acute{\alpha}\chi\omega\nu$ und tritt ihm zur Seite; als Aeneas aber die beiden Helden kampfbereit neben einander stehen sieht, 572, flieht er zurück, so dafs sie nun leicht die getöteten Achäer zu sich hinüberziehen können, $\mu\varepsilon\tau\grave{\alpha}$ $\lambda\alpha\grave{o}\nu$ $'\!A\chi\alpha\iota\tilde{\omega}\nu$, 573; darauf wenden sie sich und kämpfen wieder $\mu\varepsilon\tau\grave{\alpha}$ $\pi\varrho\acute{\omega}\tau o\iota\sigma\iota$. Menelaos stöfst den Pylaimenes mit der Lanze nieder, und Antilochos trifft mit einem Steine den Wagenlenker desselben, wie er eben die Rosse zur Flucht wenden will, so dafs er die Zügel fallen läfst, dann springt er hinzu und tötet ihn mit dem Schwerte. Nun aber dringen die Troer unter Hektors Führung vor, und die Achäer treten auf den Rat des Diomedes den Rückzug an.

Z 84 ff. Durch den Einbruch des Aias in die Reihen der Troer, Z 6, ist eine allgemeine Flucht herbeigeführt worden. Auf des Helenos Rat bringt Hektor die Flüchtigen unter den Mauern der Stadt wieder zum Stehen, und hier halten sie fechtend aus, trotz aller Ermüdung, bis zur Rückkehr des Hektor und Paris. Deren Erscheinen, H 1 ff., und kräftiges Eingreifen in den Kampf wirkt so erfrischend auf die Troer, dafs sie sogar aus dem stehenden Gefechte zu einem Vorstofse übergehen, der wenigstens teilweisen Erfolg hat. Denn dafs Dexiades auf den Wagen springt, 15, bezeichnet den Anfang der Niederlage, die durch Vers 17 ff. τοὶς . . ἐνόρσεν . . $'\!A\vartheta\eta\nu\eta$ $'\!A\varrho\gamma\varepsilon\acute{\iota}o\upsilon\varsigma$ $\grave{o}\lambda\acute{\varepsilon}\kappa o\nu\tau\alpha\varsigma$ $\grave{\varepsilon}\nu\grave{\iota}$ $\kappa\varrho\alpha\tau\varepsilon\varrho\tilde{\eta}$ $\grave{\upsilon}\sigma\mu\acute{\iota}\nu\eta$ noch deutlicher bezeichnet wird. Eine definitive Entscheidung über den Ausgang des Tages war damit natürlich noch nicht herbeigeführt, und ohne eine solche liefs sich ein Abbrechen des schon lange wütenden Kampfes nicht ermöglichen. Als daher Athene, die das Ende desselben eben so sehr wünscht wie Apollo, diesen fragt 36: $\grave{\alpha}\lambda\lambda'$ $\check{\alpha}\gamma\varepsilon$, $\pi\tilde{\omega}\varsigma$ $\mu\acute{\varepsilon}\mu o\nu\alpha\varsigma$ $\pi\acute{o}\lambda\varepsilon\mu o\nu$ $\kappa\alpha\tau\alpha\pi\alpha\upsilon\sigma\acute{\varepsilon}\mu\varepsilon\nu$ $\grave{\alpha}\nu\delta\varrho\tilde{\omega}\nu$; macht er den Vorschlag, durch einen Zweikampf die noch ausstehende Entscheidung herbeizuführen. Dafs es nun wieder dem Hektor allein gelingt, die Troer insgesamt mit der Lanze zurückzudrängen, H 55, ist natürlich dichterische Ausschmückung, resp. Homer giebt die Details, wie etwa Entsendung von Herolden, nicht an; ebenso wie es lediglich der poetischen Abrundung dient und mit der Frage der Taktik nicht zusammenhängt, dafs der Schlachttag mit einem Zweikampfe abschliefst, wie er mit einem solchen begonnen hat.

A 210 ff. war die Flucht der Troer auf der Iris Rat durch Hektor aufgehalten worden. Beide Parteien stellen die durch Flucht und Verfolgung zerstörte Ordnung in ihren Reihen wieder her, 215, 216, und wenden sich dann gegeneinander. Von griechischer Seite springt Agamemnon zuerst heraus, 217, und erlegt im Kampfe den ihm entgegentretenden Iphidamas, 240. Wie er aber die Rüstung desselben wegtragen will, springt ihm Koon, der Bruder des Gefallenen, nach, stöfst ihn, ehe er es merkt, in den Arm, fafst dann den Iphidamas am Fufse und sucht, vom Schilde gedeckt, den Leichnam mit sich fortzuziehen. Doch ehe ihm die herbeigerufenen ἄριστοι zu Hülfe kommen, 258, stöfst ihn Agamemnon, trotz der Wunde im Arme, nieder. Dann besteigt derselbe seinen Wagen und infolge eines kräftigen Vorstofses der Troer unter Hektor, 294, beginnt nun eine allgemeine Flucht auf seiten der Achäer. So hat hier der Dichter mit einer einzigen Scene von der bis dahin geschilderten Flucht der Troer zu ihrem siegreichen Vordringen und Verfolgen übergeleitet.

Aus den an Schilderungen der σταδίη μάχη besonders reichen Büchern *N* und *O* will ich nur einige Beispiele noch herausgreifen. *N* 361 ff. springt Idomeneus auf die Troer ein, die aber das Vordringen des greisen Helden von Furcht erfüllt werden; mit der Lanze trifft er tödlich den Othryoneus, 370; wie er ihn aber beim Fufse fortziehen will, kommt demselben Asios zu Hülfe, und es entwickelt sich nun eine der schon oben, *E* 580—589, besprochenen ganz ähnliche Scene. Asios wird vor seinem Wagen stehend von Idomeneus getötet, Antilochos springt noch hinzu und trifft den Wagenlenker, der vom Wagen stürzt, worauf die Sieger die Rosse als Beute zu sich herüber treiben. Dann fordert Idomeneus den Deiphobus heraus, 448, doch es kommt nicht zum Kampfe, vielmehr rufen beide ihre Freunde zu ihrem Schutze zusammen, 488 ff., und es rückt eine ganze Gruppe von Führern und Mannen τιτυσκομένων καθ' ὅμιλον ἀλλήλων, 499, gegen einander vor. Aeneas zielt dabei nach Idomeneus, der aber ἄντα ἰδὼν ἠλεύατο χάλκεον ἔγχος, 503, und trifft selbst den Oenomaos, aus dessen Leichnam er wohl seine Lanze wieder herausziehen, dem er aber kein Stück der Rüstung mehr als Beute abnehmen kann, weil eine Menge von Geschossen auf ihn, als er zu dem Zwecke weiter vorspringt, geschleudert werden. Der alte Kämpfer war eben nicht mehr so gewandt und flink, um alle Vorteile in der σταδίη μάχη ausnutzen zu können, und aus dem, was ihm nach den Worten des Dichters, 512—516, an Leistungsfähigkeit abgeht, sehen wir, welche Eigenschaften für einen tüchtigen Kämpfer der σταδίη μάχη erforderlich waren. Es heifst dort von ihm

$$\text{οὐ γὰρ ἔτ' ἔμπεδα γυῖα ποδῶν ἦν ὁρμηθέντι,}$$
$$\text{οὔτ' ἄρ' ἐπαΐξαι μεθ' ἑὸν βέλος οὔτ' ἀλέασθαι.}$$

Idomeneus war also nicht mehr schnell genug zu dem ὁρμᾶσθαι, er konnte nicht mehr hurtig dem geschleuderten Geschosse nachspringen, 513, um die durch Einschlagen desselben verursachte Verwirrung der Gegner dazu zu benutzen, aufser der eignen Waffe auch noch ein Beutestück an sich zu reifsen, noch konnte er schnell ἀλέασθαι. Das heifst wohl nicht blofs, wie Ameis will, „durch einen Sprung zur Seite feindlichen Geschossen ausweichen", denn oben, 503, sagte der Dichter von ihm ἄντα ἰδὼν ἠλεύατο χάλκεον ἔγχος, sondern bedeutet vor allem, im Gegensatze zu dem ἐπαΐξαι, nach dem Sprung vorwärts schnell mit einem Beutestück zurückeilen, ehe die Gegner sich ermannt hatten und ihre Geschosse schleuderten. Darum heifst es weiter von ihm τῷ ῥα καὶ ἐν σταδίῃ μὲν ἀμύνετο νηλεὲς ἦμαρ, was geschehen konnte durch geschickte Handhabung des Schildes, wie sie *Η* 238 Hektor von sich rühmt, oder durch Ducken unter den Schild, wie er es bereits oben selbst gethan hatte 408, durch κλίνεσθαι, wie es Hektor *Η* 254 that, oder durch Bücken, wie Meriones *Η* 610, *P* 517. Schnell zurücklaufen aber konnte Idomeneus nicht mehr, τρέσσαι δ' οὐκέτι ῥίμφα πόδες φέρον ἐκ πολέμοιο, 515, darum ging er schrittweise zurück, 516 βάδην ἀπιόντος, natürlich das Gesicht nach dem Feinde. Die Hauptkunst bestand also neben sicherem Schiefsen in einem blitzschnellen Vor- und Zurückspringen, wobei es galt, stets nach allen Seiten die Augen offen zu haben, um den günstigen Augenblick zur Wiedergewinnung der eigenen Lanze und eines feindlichen Beutestückes nicht zu versäumen oder rechtzeitig dem kommenden feindlichen Geschosse auszuweichen. Deiphobus hatte auf den zurückgehenden Idomeneus geschossen, aber den Askalaphos getötet, 520, schnell springt er nun seiner Lanze nach und reifst dem Askalaphos den Helm ab; doch hurtig wie Ares, 528, springt Meriones vor, schiefst und trifft ihn, der bereits zurückwich, mit der Lanze in den Arm. dafs er den erbeuteten Helm fallen läfst, mit einem zweiten Sprunge hat dann Meriones seine Lanze erfafst, zieht sie aus dem Arme des Gegners und ἄψ ἑτάρων ἐς ἔθνος ἐχάζετο, 533; den verwundeten Deiphobos aber geleitet sein Bruder aus der Schlacht zu seinem Wagen. Bezeichnend für die Fechtweise in der σταδίη μάχη ist es, wenn der Dichter N 559 den Antilochos überlegen läfst, ob er ἤ τευ ἀκοντίσσαι, ἠὲ σχεδὸν ὁρμηθῆναι soll. Die Lanze wird entweder aus der Ferne geschleudert, nach Rüstows Annahme auf 15—20 Schritt, und dann springt der Held ihr nach, um sie wieder zu erlangen; oder sie wird auch sehr häufig zum Stofse verwandt, und dazu mufs natürlich der Kämpfer auf seinen Gegner einspringen, wie oben 541, 562; was dann besonders leicht ausführbar ist, wenn derselbe sich achtlos umgedreht hat wie 545 Thoon, der diese Unvorsichtigkeit mit dem Leben büfsen mufs. Sehr oft finden sich deshalb die Ausdrücke ἐπαΐσσειν mit οὐτάζειν, σχεδὸν mit οὔτασε und ähnlichen verbunden. Während Antilochos, 560, noch unentschlossen über sein Ziel den Speer schwingt, springt Adamas, jetzt den Augenblick gut benutzend, auf ihn ein, um ihm einen kräftigen Lanzenstofs zu versetzen; doch Poseidon beschützt den Antilochos, so dafs die Lanze am Schilde zersplittert, und ehe Adamas schnell zurückeilend die Schar der Genossen erreichen kann, schleudert Meriones ihm nachsetzend seinen Speer auf ihn, trifft ihn tödlich und holt sich mit einem zweiten Sprunge glücklich die Lanze aus dem Toten wieder heraus. Ganz ähnlich ist der Hergang N 645—655, nur verwundet hier Meriones den zurückweichenden Harpalion durch einen Pfeilschufs; wenn aber Π 784 der Dichter den Patroklos dreimal vorspringen und jedesmal neun Feinde erlegen läfst, so dürfen wir in solchem Erfolge wohl eine poetische Ausschmückung sehen, die dem besonders gefeierten Helden mehr als gewöhnliche Menschenkraft beilegt.

Dies Vor- und Zurückspringen, dies rechts und links Ausweichen, das Bücken und Ducken ist es, was Hektor so bezeichnend von sich rühmt, Η 241, οἶδα δ' ἐνὶ σταδίῃ δηΐῳ μέλπεσθαι Ἄρηϊ. Das mochte den kampferprobten, furchtlosen Helden wohl anmuten wie ein Reigentanz, den in friedlichen Zeiten Jünglinge gegen einander aufführten, bei dem es ja auch nicht blofs auf geschickte Bewegungen der Beine, sondern auch auf Biegsamkeit und Gelenkigkeit des Oberkörpers und rhythmischen Gebrauch der Arme ankam, zumal da auch die üblichen Verbeugungen nicht fehlten, wenn die feindliche Lanze herausauste. Und überaus bezeichnend ist es, wenn Aeneas, Π 617, voll Zorn darüber, dafs Meriones durch geschicktes Bücken seiner Lanze ausgewichen war, 611, πρόσσω γὰρ κατέκυψε, τὸ δὲ.. δόρυ μακρὸν οὔδει ἐνισκίμφθη, über ihn spottet: Μηριόνη, τάχα κέν σε, καὶ ὀρχηστήν περ ἐόντα, ἔγχος ἐμὸν κατέπαυσε διαμπερές, εἴ σ' ἔβαλόν περ. Das ist es, was Idomeneus mit echtem Heldenhumor den traulichen Verkehr der Kämpfer in den vordersten Reihen nennt, N 291 προμάχων ὀαριστύν, zu dem es den Helden mächtig zieht, und wohl mochte es einem Kämpfer zur besonderen Ehre gereichen, wenn es von ihm hiefs, dafs er ἀγαθός sei ἐν σταδίῃ ὑσμίνῃ, wie N 314 von Teukros, von dem daneben noch gerühmt wird, dafs er sich auch τοξοσύνῃ auszeichne, denn der Bogen ist natürlich nicht die Waffe für die σταδίη μάχη, sondern die Lanze, und in zweiter Linie das Schwert. Doch wir haben schon oben erwähnt, dafs eine einheitliche Bewaffnung vom Dichter nicht vorausgesetzt wird: so läfst er auch *N* 576 den Helenos erst mit dem Schwerte angreifen und dann mit dem Bogen in der σταδίη μάχη schiefsen, was aus der Reihe heraus ja sehr wohl angängig ist. Nur ist der Pfeilschütze, wenn er nicht wie Teukros, Θ 266 ff., hinter dem Schilde eines anderen gedeckt schiefst, wenig gegen einen Lanzenwurf geschützt; auch Meriones, *N* 650, und Paris bedienen sich gelegentlich in der Schlacht des Bogens. Diese Bogenschützen aber werden wir uns nur vereinzelt in der Reihe der Kämpfer aufgestellt denken dürfen. — Etwas anders liegt die Sache bei den Lokrern, die nur mit dem Bogen bewaffnet und deshalb, wie erwähnt, in der σταδίη μάχη nicht zu gebrauchen waren. Ihre im Epos geschilderte Verwendung ist insofern höchst interessant, als sie uns die erste Spur einer demnach bereits vorkommenden gegenseitigen Unterstützung verschiedener Waffengattungen an die Hand giebt. *N* 701 ff. nämlich wird erzählt, dafs die beiden Aias nicht weit von einander im Kampfe standen. Der Telamonier hatte seine Leute hinter sich, in deren Reihen er zurückgehen konnte, um sich ein wenig zu erholen, von den Lokrern des Oileussohnes aber heifst es 716 ff.:

.. τάξοισιν καὶ ἐυστρόφῳ οἰὸς ἀώτῳ
ταρφέα βάλλοντες Τρώων ῥήγνυντο φάλαγγας.
δὴ ῥα τόδ' οἱ μὲν πρόσθε σὺν ἔντεσι δαιδαλέοισι
μάρναντο Τρωσίν τε καὶ Ἕκτορι χαλκοκορυστῇ,
οἱ δ' ὄπισθεν βάλλοντες ἐλάνθανον · οὐδέ τι χάρμης
Τρῶες μιμνήσκοντο · συνεκλόνεον γὰρ ὀιστοί.

Die Lokrer suchten also hinter den Reihen verdeckt aufgestellt mit dem besten Erfolge, 722, durch ihre Pfeilschüsse die feindlichen Phalangen zu durchbrechen, d. h. sie bereiteten vor und unterstützten aus gröfserer Entfernung, für den Feind daher um so lästiger, den die Entscheidung herbeiführenden Durchbruchsversuch durch die gegnerischen Reihen, ῥήγνυντο φάλαγγας, während die Leute des Telamoniers vor ihnen fechtend das gleiche Ziel im Lanzenkampfe zu erreichen suchten. Der Dichter dieser Stelle, deren Zusammenhang mit der ganzen Schilderung mit Recht als nicht ungestört bezeichnet werden mag, hat also thatsächlich, wie mir scheint, die Verwendung zweier verschieden bewaffneter Scharen zu gegenseitiger Unterstützung im Auge. In den übrigen Kampfscenen der Ilias ist davon nirgends mehr, jedenfalls nicht wieder in so deutlicher Weise, die Rede.

Aus der grofsen Zahl der im Epos noch vorliegenden Schilderungen der σταδίη μάχη möge es mir gestattet sein, noch ein paar einzelne Züge anzuführen. Der aus der Reihe vorgesprungene Krieger geht, auch wenn er nicht wie Idomeneus βάδην zurückweicht, in der Regel mit dem Gesicht nach dem Feinde zurück: darum wird Hektor, Ξ 412, als er nach seinem Schusse auf Aias in die Schar der Genossen zurückeilt, auf die Brust von Aias getroffen, Polydamas aber konnte, 461, als Aias auf ihn καρπαλίμως ἀπιόντος ἀκόντισε, noch durch einen Sprung zur Seite, 463 λικριφὶς ἀΐξας, dem Geschosse rechtzeitig ausweichen. Antilochos, *O* 590, dagegen hatte sich umgedreht, als er vor Hektor erschreckt zurückfloh, und darum schleuderte die ganze Menge der Troer ihreGeschosse ihm nach. Dies rasche Vor- und Zurückspringen, (cf. auch *O* 520, 525, 529, 571 ἐξάλμενος), das bald hier, bald dort aus der Reihe auf beiden Seiten erfolgt, läfst wohl mutatis mutandis einen Vergleich mit dem von unserer Jugend geübten Spiele des Barlaufens zu. Daneben mochte gelegentlich auch einmal ein längerer Kampf zwischen zwei Helden stattfinden, wie O 539 von Dolops berichtet wird, dessen Helmspitze Meges durch einen Lanzenwurf getroffen hatte, dafs er τῷ πολέμιζε μένων. Das war freilich sein Unglück, denn während er allein auf diesen Gegner achtete, trat Menelaos aus der Reihe hervor und stiefs ihn von der Seite mit der Lanze nieder. 541.

Dafs bei der besprochenen, in der σταδίη μάχη üblichen Fechtart, bei der jeder nach Belieben aus der Reihe hervorspringen konnte, bei der bald ein gruppenweises Vorstofsen, bald ein Zurückweichen auf eine ziemlich grofse Entfernung stattfand, der bei der Aufstellung hergestellte Zusammenhang der Glieder und Reihen sich allmählich immer mehr lockerte, ist ganz begreiflich, und es mochte nach längerem Kämpfen wohl öfter ein Zustand eintreten, wie ihn Polydamas, N 737—739, von den Troern, die doch siegreich waren, an Hektor berichtet:

οἱ μὲν ἀφιστᾶσιν σὺν τεύχεσιν, οἱ δὲ μάχονται
παυρότεροι πλεόνεσσι, κεδασθέντες κατὰ νῆας.

Daher bedurfte es wiederholt der Anfeuerung und der Zusammenfassung der Mannen durch ihre Führer auch mitten im Gefechte. Ganz besonders aber bedurfte es eines energischen Zusammenschlusses und einer fest gefügten Ordnung bei der zweiten Fechtart, die uns in den Schlachten des Epos entgegentritt, dem geschlossenen Angriffe, zu dessen Betrachtung wir nun übergehen wollen.

Der geschlossene Angriff und die Abwehr desselben.

Natürlich giebt uns auch über diese Kampfesweise das Epos keine taktischen Vorschriften; wohl aber ist die Darstellung der geschilderten Kampfscenen eine derartige, dafs wir daraus auf vorhandene Kenntnisse und Übung schliefsen dürfen. Die eigentliche, im Kampfe herbeigeführte Entscheidung hat in der Regel den Durchbruch der feindlichen Reihen zur Voraussetzung, es ist daher dieser Durchbruch Zweck und Ziel jeder Offensivbewegung. Ich führe hier zunächst kurz einige Beispiele an, auf die ich zum Teil zurück kommen mufs. So heifst es: Z 6 Αἴας.. ῥῆξε φάλαγγας, Η 141 Ἀρηΐθοος .. κορύνη ῥήγνυσκε φάλαγγας, Ο 615 Ἕκτωρ .. ἐθέλεν ῥῆξαι στίχας ἀνδρῶν, 617 οὐδ' ὡς δύνατο ῥῆξαι, Ο 539 ἵετο δῦναι ὅμιλον .. ῥῆξαί τε. Δ 90 σφῇ ἀρετῇ Δαναοὶ ῥήξαντο φάλαγγας. Ν 680 Ἕκτωρ .. ῥηξάμενος Δαναῶν πυκινὰς στίχας ἀσπιστάων. Ν 718 Λοκροὶ βάλλοντες Τρώων ῥήγνυντο φάλαγγας. Ο 409 Τρῶες Δαναῶν .. φάλαγγας ῥηξάμενοι. P 285 Αἴας .. Τρώων ἐκέδασσε φάλαγγας, οἳ περὶ Πατρόκλῳ βέβασαν. Ο 328, Η 306 ἀνὴρ ἐλὼν ἄνδρα κεδασθείσης ὑσμίνης (Gegensatz, Ο 303, ὑσμίνην ἔργυναν), dazu schol. BLV τῆς τάξεως διαλυθείσης, Eustat. 1061, 30 διαλυθείσης τῆς κατὰ πύργον ἢ τοῖχον παραβολικῆς ἁρμονίας. — Darum heifst Achill, der hervorragendste aller griechischen Helden, ῥηξήνωρ, Η 228, Ν 324, Η 146, 575, δ 5, was von Apollonius 138, 24 erläutert wird: ἀπὸ τοῦ διαρρήσσειν τὰς φάλαγγας, τουτέστι τὰς τάξεις τῶν ἀνδρῶν, und die ῥηξηνορίη, § 217, wird sch. HJQ passend erklärt: ἀνδρεία παρὰ τὸ ῥηγνύειν τὴν δύναμιν τῶν ἐναντίων. Dieses ῥηγνύναι aber setzt einen Gewaltakt voraus, zu dessen Abwehr, und meist auch Herbeiführung, es einer Verwendung der in der σταδίῃ μάχῃ weniger in Anspruch genommenen Massen bedarf.

Wohl kann es einem oder mehreren besonders tapferen Helden vereint einmal gelingen, einen Durchbruch oder entscheidenden Einbruch in die Reihen bereits entmutigter Gegner zu erzielen, und man braucht nicht an poetische Ausschmückung zu denken, wenn der Dichter einer Heldenkraft, wie Hektor oder Achill, solchen Erfolg beilegt. — Rüstow, Heerwesen pag. 50, erinnert bei Besprechung der Kampfesweise römischer Legionen sehr passend an das Beispiel Winkelrieds, dessen Heldenmut bei Sempach das notwendige Loch gemacht habe, um Platz für den Einbruch mit der Hellebarde in die gepanzerten Reihen der österreichischen Ritter zu gewinnen. — So ruft Hektor, N 151 ff., als er unvermutet auf die festgeschlossene Phalanx der Griechen stöfst, Τρῶες .. παρμένετ' οὗτοι δηρὸν ἐμὲ σχήσουσιν Ἀχαιοί, καὶ μάλα πυργηδὸν σφέας αὐτοὺς ἀρτύναντες, und versucht später, 807, als er an der Spitze der festgeschlossenen Troer gegen die Achäer vorrückt, προποδίζων, εἴ πώς οἱ εἴξειαν ὑπασπίδια προβιβάντι, blofs aus Furcht vor seiner Heldenkraft. Ganz nah wagt er sich aber doch nicht heran, so dafs ihm Aias aus der Reihe zurückt, 810: σχεδὸν ἐλθέ · τίη δειδίσσεαι αὔτως Ἀργείοις; vgl. auch O 615 ff., Z 6. So rühmt auch Achill, indem er die Griechen auffordert, Υ 354, μηκέτι νῦν Τρώων ἑκὰς ἕστατε κ. τ. λ., 362 ἀλλὰ μάλα στιχὸς εἰμι διαμπερές, und springt dann, sein Wort wahr machend, wie ein todesmutiger Reiter in das feindliche Carré, in die Troer hinein rings um sich Verderben bereitend, 381. Aber das sind nur besondere Einzelfälle. — Soll ein allgemeiner Angriff ausgeführt oder ein feindlicher Einbruchsversuch abgewehrt werden, so ist fester Zusammenschlufs der Reihen in sich notwendige Voraussetzung, und Herstellung desselben unbedingte Pflicht für den Führer. Ob der Zusammenstofs dann auch wirklich erfolgt, liegt nicht immer in der Hand des Führers und hängt von anderen Verhältnissen ab, vorangehen mufs unter allen Umständen jedem ernstlich geplanten Versuche einer gewaltsamen Entscheidung die fest geschlossene Ordnung. — Natürlich sind alle dazu notwendigen Bedingungen auf beiden Seiten am günstigsten vorhanden bei der ersten Aufstellung der Mannen, weil sie am ruhigsten vorgenommen werden kann. Es erscheint darum ganz begreiflich, dafs, wenn zwei Heere aus einer so nahen Aufstellung, wie sie am ersten Schlachttage die Situation vor dem Schusse des Pandaros geschaffen hatte, zum Kampfe übergehen, Δ 281, ein Zusammenprallen der Massen erfolgt, ein gewaltiger Stofs, der von beiden Seiten, wenn auch keineswegs gleichzeitig und mit gleicher Heftigkeit, auf der ganzen Linie ausgeführt wird. Einen solchen läfst der Dichter in der That auch eintreten, und ich wüfste nicht, wie derselbe poetischer und anschaulicher geschildert werden könnte, als es in den Versen Δ 446—456 geschieht:

οἱ δ' ὅτε δή ῥ' ἐς χῶρον ἕνα ξυνιόντες ἵκοντο,
σύν ῥ' ἔβαλον ῥινούς, σὺν δ' ἔγχεα καὶ μένε' ἀνδρῶν
χαλκεοθωρήκων · ἀτὰρ ἀσπίδες ὀμφαλόεσσαι
ἔπληντ' ἀλλήλῃσι, πολὺς δ' ὀρυμαγδὸς ὀρώρει.
ἔνθα δ' ἅμ' οἰμωγή τε καὶ εὐχωλὴ πέλεν ἀνδρῶν
ὀλλύντων τε καὶ ὀλλυμένων, ῥέε δ' αἵματι γαῖα.
ὡς δ' ὅτε χείμαρροι ποταμοὶ κατ' ὄρεσφι ῥέοντες
ἐς μισγάγκειαν συμβάλλετον ὄβριμον ὕδωρ
κρουνῶν ἐκ μεγάλων κοίλης ἐντοσθε χαράδρης ..
ὡς τῶν μισγομένων γένετο ἰαχή τε πόνος τε.

Die Details des Kampfes giebt uns der Dichter nicht; derselbe kann naturgemäfs nur aus einer Reihe von Einzelkämpfen auf der ganzen Linie bestehen, die sich aber auch um die Leiche eines gefallenen Führers oder um ein kostbares Beutestück zu einem Gruppenkampfe zusammenziehen können, wie wir ihn etwa in den gleich folgenden Versen, Δ 457—472, geschildert finden: Antilochos schleudert, doch wohl beim Vorrücken, seine Lanze und trifft aus grofser Nähe den

Echepolos, so dafs der Speer durch den Helmbügel tief in den Kopf eindringt und der Held wie ein Turm im Getümmel niederstürzt, 462. Elephenor bückt sich, um hinter seinen Schild geduckt (er brauchte zu dem Zwecke nicht aus der Reihe vorzuspringen) den Toten ὑπὲκ βελέων zu ziehen und der Rüstung zu berauben; Agenor aber, der sein Vorhaben bemerkt, stöfst ihm den Speer in die Seite, die neben dem Schilde hervorragt, trifft ihn also aus unmittelbarer Nähe,

... ἐπ' αὐτῷ δ' ἔργον ἐτύχθη
ἀργαλέον Τρώων καὶ Ἀχαιῶν · οἱ δὲ λύκοι ὣς
ἀλλήλοις ἐπόρουσαν, ἀνὴρ δ' ἄνδρ' ἐδνοπάλιζεν.

Das allgemeine Ringen dauert so lange fort, bis ein Erfolg auf der einen oder anderen Seite erzielt ist, oder Erschlaffung auf beiden Seiten zu der σταδίῃ μάχῃ führt, wie sie uns die nächsten Verse, 473 ff., an einer anderen Stelle des Schlachtfeldes schildern.

Die für den Zusammenstofs oben als notwendige Voraussetzung hingestellte, festgeschlossene Aufstellung war an dieser Stelle nur kurz angedeutet, Δ 281, 282; genauer finden wir sie Π 211 ff. beschrieben, wo die Situation insofern eine gleiche ist, als ebenfalls unmittelbar aus der Aufstellung zum Angriffe übergegangen wird. Achill hat seine Myrmidonen, die mit Patroklos zum Kampfe hinausziehen sollen, selbst aufgestellt und richtet nun noch einmal anfeuernde Worte an seine Schar, 200 ff. Die Myrmidonen aber, die die Worte ihres Fürsten vernommen, schliefsen enger ihre Reihen, 211 ff., so fest wie man aus dichten Steinen eine Mauer zusammenfügt, die Wind und Wetter abhalten soll,

ἀσπὶς ἄρ' ἀσπίδ' ἔρειδε, κόρυς κόρυν, ἀνέρα δ' ἀνήρ ·
ψαῦον δ' ἱππόκομοι κόρυθες λαμπροῖσι φάλοισιν
νευόντων · ὣς πυκνοὶ ἐφέστασαν ἀλλήλοισιν.

Mit diesen Worten soll uns doch wohl eine Musteraufstellung geschildert werden, wie sie der beste Führer im Griechenheere mit den tüchtigsten Leuten zu Wege bringt, und deutlicher kann das Bild einer nach rechts und links, vorwärts und rückwärts festgeschlossenen Kolonne nicht gezeichnet sein. Unmittelbar aus dieser Aufstellung gehen dann die Myrmidonen unter lautem Kampfrufe, 267, gegen die in nächster Nähe kämpfenden Troer vor und stürzen sich wie ein gereizter Wespenschwarm, 259, geschlossen auf dieselben, 276, ἐν δ' ἔπεσον Τρώεσσιν ἀολλέες. Diese aber halten den Stofs nicht aus, ihre Phalangen kommen ins Wanken, 280, wenden sich an der zunächst bedrohten Stelle zur Flucht, und Patroklos schleudert seinen Speer mitten hinein in das dichteste Gewühl der sich rückwärts drängenden, 285.

Können wir diese Aufstellung der Myrmidonen als Muster einer Angriffskolonne ansehen, so wird uns in der Ν 125 ff. geschilderten Phalanx, die der Dichter durch keinen geringeren als den Gott Poseidon herstellen läfst, um die siegreich heranstürmenden Troer aufzuhalten, das Muster einer Verteidigungskolonne vorgeführt. Natürlich kommt es hier wie dort hauptsächlich auf engen, festen Zusammenschlufs der Glieder und das Vermeiden jeder Blöfse durch Zusammenschieben der Schilde an. Daher lauten auch Ν 131—134 den oben citierten Versen ἀσπὶς ἄρ' ἀσπίδ' ἔρειδε bis ἀλλήλοισιν völlig gleich. Trotzdem mufs ich bei der Stelle noch einen Augenblick verweilen, um die folgenden, die Beschreibung vervollständigenden Verse, welche nach meiner Meinung, wenigstens in den mir bekannten Ausgaben, die richtige Erklärung noch nicht gefunden haben, einer kurzen Besprechung zu unterziehen.

Für Vers 130, der sich in der Schilderung der Myrmidonenaufstellung nicht findet, φράξαντες δόρυ δουρί, σάκος σάκει προθελύμνῳ, schliefse ich mich der Erklärung von Faesi-

Franke an: sie drängten zu einem Zaune zusammen Speer an Speer und Schild an Schild so dicht, „dafs je der eine mit seiner Grundschicht vor den des Nebenmannes vorgeschoben ist", eine Haltung, die sich ganz von selbst ergeben mufste, wenn die Krieger von rechts und links sich zusammenschlossen. Auch hinter einander standen sie so dicht, dafs die Bügel der Helme die Vordermänner berührten, wenn sie sich neigten, 132. Dann heifst es weiter 134, 135:

> ἔγχεα δ' ἐπτύσσοντο Θρασειάων ἀπὸ χειρῶν
> σειόμεν'. οἳ δ' ἰθὺς φρόνεον, μέμασαν δὲ μάχεσθαι.

Gerade der Ausdruck ἐπτύσσοντο, der mir für die richtige Anschauung des Dichters von der Situation sehr wichtig erscheint, ist es, in dessen Erklärung ich abweiche. Im schol. BL heifst es zu demselben: κραδαινόμενα πτυσσομένοις ἔοικε, und im periphr. εἰς τὸ αὐτὸ συνήγετο καὶ ἐκάμπτετο. Faesi erklärt dieser Auffassung entsprechend: „die Speere wurden von den kampfbegierigen und unruhigen Kriegern (Θρασειάων ἀπὸ χειρῶν) mit solcher Macht geschwungen, dafs sie sich zu biegen schienen", auch Ameis erklärt: „sie bogen sich", ebenso Düntzer, der hinzufügt: „sie schienen vom gewaltigen Schwingen der Hände sich zu biegen" und Passow im Lex. übersetzt mit Anführung unserer Stelle „die Speere bogen sich". — Gegen diese Erklärung des Wortes ἐπτύσσοντο aber sprechen zwei gewichtige Bedenken, ein sachliches und ein sprachliches. 1) Wie war es möglich, wenn die Krieger Mann an Mann vor und hinter einander in geschlossener Phalanx standen, einen Zaun mit den Speerschaften bildend, die Lanzen zu schwingen, und zwar so heftig, dafs sie sich zu biegen schienen? Die Leute konnten ja die Arme kaum bewegen, geschweige denn sie zum Schwunge mit der Lanze emporheben. Man denke sich nur einmal in die Stellung hinein, dann ist es doch klar, dafs die Krieger wohl noch zum Stofse den Raum gewinnen, nicht aber die Arme über den Kopf heben und die Lanze schwingen konnten. — Darum hat sich mit Recht Giseke im lex. hom. von dieser Auffassung los gemacht, aber doch, wie ich meine, noch nicht die rechte, sowohl der Wortbedeutung als der Situation entsprechende gefunden, wenn er erklärt: ‚die Lanzen bildeten in ihrer Bewegung eine regelmäfsige Lage, befanden sich nach Art einer Falte in derselben Ebene'.

Denn 2) was bedeutet πτύσσω? kann das Wort überhaupt den ihm oben beigelegten Sinn ‚biegen' haben? Die Grundbedeutung ist: falten, mehrfach zusammenlegen, schichten, lagenweise über einander fügen, z. B. εἵματα, χιτῶνα; πτύχες sind die Schichten, Lagen der Schilde. Diese einfache Bedeutung aber behält das Wort auch an unserer Stelle. ἔγχεα ἐπτύσσοντο heifst: die Lanzen wurden schichtenweise über einander gelegt. Das ist die natürliche Folge der Aufstellung. Da wir es mit einer mindestens zwei Glieder tiefen, dicht geschlossenen Kolonne zu thun haben, die im Begriffe ist, einem heranstürmenden Gegner die Stirn zu bieten, so streckt das erste Glied die Lanzen vor, fällt dieselben, — gerade wie es P 355 beschrieben wird, σάκεσσι.. ἔρχατο, πρὸ δὲ δούρατ' ἔχοντο — und bildet mit ihnen, wenn sie gut ausgerichtet sind, wie sich das für eine Musteraufstellung gehört, eine Lage. Das zweite Glied mufs mit seinen Lanzen zwischen den Schultern der Vordermänner durchschlagen und bildet so die zweite, für den Begriff des πτύσσειν notwendige Schicht. Die Lanzen liegen also nicht in derselben, sondern mindestens in zwei Ebenen, und bilden so zwei Schichten im eigentlichen Sinne. Ob etwa auch noch ein drittes Glied mit den Lanzen durchschlug, darüber wage ich keinerlei Behauptung; zwei Glieder aber müssen wir nach den Worten des Epos mindestens mit gefällten Lanzen hinter einander stehend annehmen. Das ptcp. σειόμενα nun, 135, verstehe ich dahin, dafs, so lange die Krieger zur Herstellung der geschlossenen Phalanx noch in Bewegung waren, die Lanzen natürlich hoch gehalten werden mufsten, sonst war ja ein Zusammenschlufs nicht ausführbar, und dafs erst gefällt und durchgeschlagen wurde, die Lanzen also gesenkt oder überhaupt in Bewegung gesetzt und über einander geschichtet wurden, als Vorder- und Hintermänner auf ihren richtigen Plätzen standen. Dafür aber, dafs der Dichter unserer Stelle sich die Lanze zum Stofse, nicht zum Wurfe bereit vorstellt, finde ich eine Bestätigung in Vers 147: οἱ δ' ἀντίοι υἷας Ἀχαιῶν νύσσοντες ξίφεσίν τε καὶ ἔγχεσιν ἀμφιγύοισιν ὤσαν ἀπὸ σφείων, sc. Ἕκτορα, wobei das Wort ξίφεσιν darauf hindeuten mag, dafs Leute in der Phalanx standen, die entweder ihre Lanzen schon verworfen hatten oder nur mit dem Schwerte, etwa neben dem Bogen, bewaffnet waren, eine Ungleichartigkeit der Ausrüstung, die uns schon oben begegnet ist. Interessant ist, dafs Polybius (XVIII 29, 6) bei Beschreibung der makedonischen Phalanx, um die πύκνωσις κατ' ἐπιστάτην καὶ κατὰ παραστάτην zu veranschaulichen, die Verse N 131—134 anführt, ὡς Ὅμηρος ὑποδείκνυσιν ἐν τούτοις.

Jedenfalls fühlen sich die Griechen in dieser geschlossenen Verteidigungsaufstellung nach ihrer vorhergehenden Mutlosigkeit wieder sicher und kampfestüchtig, sogar bereit zur Offensive, 135 ἰθὺς φρόνεον, μέμασαν δὲ μάχεσθαι. Die Troer aber unter Hektors Führung wagen nicht, und auch das ist bezeichnend, die geschlossene Phalanx anzugreifen, trotz der zuversichtlichen Worte Hektors 150 ff. Sie gehen vielmehr nur einzeln vorsichtig gedeckt vor, 158, um die Griechen zum Kampfe zu reizen, und es entwickelt sich daraus, 159—332, eine σταδίη μάχη.

Ein wirklich erfolgter Zusammenstofs der Massen wird uns dagegen gleich darauf geschildert, N 334—344, τῶν ὁμόσ' ἦλθε μάχη, μέμασαν δὲ . . ἀλλήλοις καθ' ὅμιλον ἐναιρέμεν · ἔφριξεν μάχη ἐγχείῃσιν . . , ὅσσε ἄμερδεν αὐγὴ χαλκείη κορύθων . . θωρήκων . . σακέων . . ἐρχομένων ἄμυδις. — Dafs bei dem allgemeinen Angriff der Kampfruf ertönt, versteht sich von selbst, wird aber gewöhnlich noch ausdrücklich hinzugefügt; ich erwähne nur die deutlich darauf hinweisende Stelle Ξ 148: Poseidon schreit wie neuntausend oder zehntausend Männer ἐν πολέμῳ, ἔριδα ξυνάγοντες Ἄρηος.

Sehr anschaulich ist das Bild, mit dem O 615 ff. der enge Zusammenschlufs der Griechen gegenüber den Durchbruchsversuchen Hektors geschildert wird. Hektor wollte ῥῆξαι στίχας ἀνδρῶν, und zwar versuchte er es als tapferster Held, ᾗ δὴ πλεῖστον ὅμιλον ὅρα καὶ τεύχε' ἄριστα. Aber es gelang ihm nicht, denn die Achäer

> ἴσχον . . πυργηδὸν ἀρηρότες, ἠΰτε πέτρη
> ἠλίβατος μεγάλη, πολιῆς ἁλὸς ἐγγὺς ἐοῦσα,
> ἥτε μένει λιγέων ἀνέμων λαιψηρὰ κέλευθα
> κύματά τε τροφόεντα, τάτε προσερεύγεται αὐτήν.

Immer von neuem werden die Sturmversuche gemacht, 624, bis endlich, wie die Herde auseinanderstiebt, wenn ein Löwe mitten hinein springt, 635, 637, die Achäer von Hektor und dem Vater Zeus in die Flucht gejagt werden, allesamt; in die Wirklichkeit übersetzt vielleicht, weil ihm ein Einbruch in die Reihen gelungen war, wie dem Löwen, der in die Herde sprang. Die Erklärung von Faesi und Ameis, dafs die allgemeine Flucht hier veranlafst sei durch die Erlegung eines einzigen Achäers, 638, πάντες (sc. ἐφοβήθησαν), ὁ δ' οἶον ἔπεφνε Μυκηναῖον Περιφήτην, kann deshalb nicht richtig sein, weil Periphetes erst fällt, als er sich bereits zur Flucht gewandt hat und den Schild auf dem Rücken trägt, 645. Durch diesen kommt er eben zu Falle, und darauf stöfst ihm Hektor den Speer in die Brust, 647, 649. Bezeichnend für die Angst der Achäer ist dann, dafs keiner seiner Freunde, obwohl sie noch dicht bei ihm sind, dem Bedrängten Hülfe zu bringen wagt, 651. Ich übersetze also oben Vers 638 ἔπεφνε ‚er tötete', nicht ‚er hatte getötet'.

Auch *II* 562 ff. wird uns ein allgemeiner Vorstofs geschildert. Nach vorangegangener Ermutigung der Mannen durch ihre Führer werden auf beiden Seiten starke Kolonnen formiert, 563 ἀμφοτέρωθεν ἐκαρτύναντο φάλαγγας, wobei natürlich alle etwa vorgesprungenen Krieger in die Reihen zurücktreten müssen; dann rennen sie zusammen unter lautem Kriegsrufe, dafs die Rüstungen krachen, 566, und Zeus verbreitet Dunkel über die κρατερὴ ὑσμίνη, damit die Kampfesarbeit um die Leiche Sarpedons eine furchtbare werde, 568. Die Troer werfen dann mit dem ersten Anprall die Achäer zurück, 569, worauf Patroklos vorspringt und durch einen gewaltigen Steinwurf die Reihen der Troer wieder ein Stück zurückscheucht, 588; danach steht das Gefecht eine Zeit lang, und von 633 an wird wieder ein durch Meriones veranlafster allgemeiner Vorstofs geschildert:

> ὣς τῶν ὤρνυτο δοῦπος ἀπὸ χθονὸς εὐρυοδείης
> χαλκοῦ τε ῥινοῦ τε βοῶν τ' εὐποιητάων
> νυσσομένων ξίφεσίν τε καὶ ἔγχεσιν ἀμφιγύοισιν.

Deutlich wird der Unterschied eines Massenkampfes gegenüber dem stehenden Gefecht bei der vortrefflichen Schilderung des blutigen Handgemenges, das sich um das Schiff des Protesilaos entsponnen hat, hervorgehoben, wenn es heifst *O* 707 ff.

> δῄουν ἀλλήλους αὐτοσχεδόν · οὐδ' ἄρα τοίγε
> τόξων ἀϊκὰς ἀμφὶς μένον οὐδέ τ' ἀκόντων,

(wie das in der σταδίη μάχη geschah, wo man das Heransausen der Pfeile und Lanzen auf gröfsere Entfernung erwartete), sondern Mann gegen Mann, ἐγγύθεν ἱστάμενοι, kämpften sie in ihrer Wut mit allen Waffen, die ihnen in die Hände fielen, mit Äxten und Beilen, mit Schwertern und Lanzen, ῥέε δ' αἵματι γαῖα μέλαινα, 715.

Besonders klar aber tritt die Verschiedenheit da hervor, wo im Epos selbst beide Kampfesarten in Gegensatz zu einander gesetzt werden, wie es bei den Kämpfen um die Leiche des Patroklos geschieht. Nachdem, ähnlich wie bei dem Kampfe um den gefallenen Sarpedon, von beiden Seiten mit wechselndem Glücke Vorstöfse gemacht worden sind, — *P* 262 Τρῶες προύτυψαν ἀολλέες, 266 αὐτὰρ Ἀχαιοὶ ἕστασαν . . τραχθέντες σάκεσιν χαλκήρεσιν, 274 ὦσαν δὲ πρότεροι Τρῶες . . Ἀχαιούς, darauf, nachdem Aias dieselben wieder zum Stehen gebracht hat, 278, Αἴας ῥεῖα . . Τρώων ἐκέδασσε φάλαγγας, οἳ περὶ Πατρόκλῳ βέβασαν 285, — wird berichtet, dafs die Troer, weil sie feige waren, bis Ilios zurückgegangen wären, wenn nicht Apollo den Aeneas besonders ermahnt und zu neuen Thaten angefeuert hätte, 322 ff.; dieser bringt dann durch ermutigende Worte und das eigene tapfere Beispiel, 342 πολὺ προμάχων ἐξάλμενος ἔστη, die Troer zur Umkehr und führt sie zu neuem Sturm gegen die Danaer vor. Aias aber ordnet schleunigst seine Leute zur Verteidigungskolonne, 354 ff. σάκεσσι γὰρ ἔρχατο πάντῃ, ἑσταότες περὶ Πατρόκλῳ, πρὸ δὲ δούρατ' ἔχοντο. Dann geht er selbst prüfend an den Reihen entlang, μάλα πάντας ἐπῴχετο, und befiehlt streng, dafs keiner von dem Leichnam zurückweiche oder sich beikommen lasse, aus der Reihe zum Kampfe vorzuspringen; fest geschlossen sollen alle stehen bleiben und nur σχεδόθεν μάχεσθαι, 359. So entstand denn ein blutiges Ringen, bei dem die Kämpfenden ἀγχιστῖνοι ἔπιπτον, 361. Die Verluste der Troer aber waren noch gröfser als die der Achäer, weil diese es besser verstanden, bei diesem Gefechte in geschlossener Reihe sich gegenseitig zu decken und zu schützen, 364 μέμνητο γὰρ αἰεὶ ἀλλήλους καθ' ὅμιλον ἀλεξέμεναι φόνον αἰπύν. Im Gegensatz zu diesem furchtbaren, gefährlichen und beschwerlichen Kampfe wird nun in den folgenden Versen, 370 ff., von dem weit angenehmeren stehenden

Gefechte berichtet, das aufserdem bei hellem Lichte stattfand, während jene im Nebel kämpften. Da heifst es: οἱ δ᾽ ἄλλοι Τρῶες καὶ ἐυκνήμιδες Ἀχαιοὶ εὔκηλοι πολέμιζον ὑπ᾽ αἰθέρι,.. μεταπαυόμενοι δ᾽ ἐμάχοντο, und das ist charakteristisch für die σταδίη μάχη, wie auch das folgende, 374, ἀλλήλων ἀλεείνοντες βέλεα στονόεντα, πολλὸν ἀφεσταότες, τοὶ δ᾽ ἐν μέσῳ ἄλγε᾽ ἔπασχον ἤερι καὶ πολέμῳ κ. τ. λ.

Noch einen Punkt habe ich, ehe ich zu dem folgenden Abschnitte mich wende, bei dem Angriff in geschlossener Reihe kurz zu erwähnen, nämlich die Haltung der Lanzen. In der oben besprochenen, von Poseidon hergestellten Verteidigungskolonne, N 130 ff., waren die Lanzen zur Erwartung des Feindes gefällt, ἐπτύσσοντο, νύσσοντες, ebenso P 355, πρὸ δὲ δούρατ᾽ ἔχοντο. P 233 ff. heifst es nun aber bei dem durch Hektors Versprechungen und Ermutigung veranlafsten Angriffe der Troer: οἱ δ᾽ ἰθὺς Δαναῶν βρίσαντες ἔβησαν δούρατ᾽ ἀνασχόμενοι. Der Ausdruck ἀνέχεσθαι kommt noch mehrfach vor von der zum Wurfe über den Kopf gehobenen Lanze, E 655, Φ 67, 161, τ 448 bei einzelnen Helden und Λ 593 u. O 298 bei einer Kolonne. Λ 593 scharen die Achäer sich um Eurypylus, um den bedrängten, zurückgehenden Aias aufzunehmen, σάκε᾽ ὤμοισι κλίναντες δούρατ᾽ ἀνασχόμενοι, und O 298, an der schon einmal erwähnten und für unsere Betrachtung wichtigeren Stelle, fordert Thoas die besten der Achäer auf, halt zu machen gegen die heranrückenden Troer: στείομεν, εἴ κεν πρῶτον ἐρύξομεν ἀντιάσαντες δούρατ᾽ ἀνασχόμενοι. Weiter heifst es dann, dafs die Achäer dem Vorschlage entsprechend ἑσμὴν ἥστιναν .. Τρώεσσι ἐναντίον. Darauf rücken die Troer unter Führung Hektors in geschlossener Schar vor, und unter lautem Schlachtrufe wird von beiden Seiten eine Salve abgegeben, 313. Die Achäer waren bei ihrer Schwäche nicht in der Lage, einen wirklichen Stofs der Troer auszuhalten, es kam ihnen nur darauf an, für das zurückgehende Hauptheer Zeit zu gewinnen und den siegreich verfolgenden Feind eine Weile aufzuhalten, 297. Darum standen sie die Lanzen über den Kopf zum Wurf bereit haltend da, man könnte geradezu „schufsfertig" übersetzen, und erreichten auch völlig ihren Zweck, indem die Troer den unmittelbar drohenden Schüssen gegenüber nicht zum Sturme vorgingen, sondern selbst erst halt machten und die griechischen Reihen durch zahlreiche Lanzenwürfe zu erschüttern suchten. Ebenso haben wir uns also an der zuerst erwähnten Stelle, P 233, den Ausdruck zu erklären: die Troer rückten zum Angriff auf die Danaer vor mit wuchtigen Schritten, die Lanzen zum Wurfe bereit, nicht um einzeln und nach einander zu schiefsen, wie beim stehenden Gefecht, sondern um eine Salve abzugeben. Dem gegenüber wichen die Danaer zurück, noch ehe die Troer auf Schufsweite herangekommen waren, P 275 ὑπέτρεσαν, οὐδέ τιν᾽ αὐτῶν Τρώες ὑπέρθυμοι ἕλον ἔγχεσιν, ἱέμενοί περ.

Für das Vorgehen zum Angriffe mit gefällten Lanzen finden wir die Bezeichnung bei den kampftüchtigen, tapferen Abanten, von denen es Β 543 ff. heifst, sie seien αἰχμηταί, μεμαῶτες ὀρεκτῇσιν μελίῃσι θώρηκας ῥήξειν δηίων ἀμφὶ στήθεσσιν. — So konnte also, je nach Erfordernis, der Angriff wie die Verteidigung in mehr oder minder geschlossener Masse erfolgen mit hoch zum Wurfe erhobenen oder mit zum Stofse gefällten Lanzen.

Doch ich mufs hier abbrechen, obgleich sich noch manches, vielleicht besser passende, Beispiel anführen liefse, um dem Abschnitte von der Flucht und Verfolgung, die erst das Bild einer Schlacht abschliefsen, noch eine kurze Besprechung zu widmen.

Rückzug, Flucht und Verfolgung.

Zweck des Angriffs und Kampfes in der offenen Feldschlacht ist, die Flucht des Gegners zu erzwingen; derselbe ist erreicht, wenn die feindliche Reihe durchbrochen ist. Vor der Flucht aber steht dem unterliegenden Gegner bisweilen noch die weit weniger gefährliche Möglichkeit eines Rückzuges offen, und auch über einen solchen finden wir klare, gewisse taktische Kenntnisse verratende Andeutungen in den Schilderungen des Epos vor. Wir müssen sogar noch zwischen einem einfachen Rückzuge des Ganzen unter Gefecht und einer geordneten Rückzugsdeckung, die von einem kleineren Teile des Heeres zum Schutze des zurückgehenden Gros ausgeführt wird, unterscheiden.

Das Bild eines langsamen Zurückgehens im Gefecht giebt uns der Dichter E 590 ff. Durch die Aufforderung des Ares sind die fliehenden Troer wieder zum Stehen gebracht worden. Hektor hat, durch Sarpedon veranlafst, seinen Wagen verlassen und eine neue Aufstellung seiner Leute vorgenommen, 495, darauf rückt er wieder gegen die Achäer vor, die ihm stand halten. Es kommt zuerst zu einem stehenden Gefecht, das auf beiden Seiten Verluste bringt, 532—590, bis Hektor mit seinen Phalangen einen Vorstofs macht unter Vorantritt des Kriegsgottes selbst und der Enyo, 592. Durch ihren Anblick erschreckt, befiehlt Diomedes den Rückzug, aber einen Rückzug mit Gefecht, 605: ἀλλὰ πρὸς Τρῶας τετραμμένοι αἰὲν ὀπίσσω εἴκετε, μηδὲ θεοῖς μενεαινέμεν ἶφι μάχεσθαι. Dafs das Zurückweichen von einigen Griechen ernster genommen wird, scheint mir der Dichter dadurch anzudeuten, dafs er, 608, den Hektor zwei Griechen auf einem Wagen töten läfst, den dieselben also eben bestiegen hatten, um sich aus der Schlacht zu entfernen; sonst werden beim langsamen Zurückgehen die Wagen nicht bestiegen, und alle Helden erscheinen zu Fufs. Dafs wir aber entsprechend dem Befehle des Diomedes ein Rückzugsgefecht vor uns haben, wird uns in der Schilderung dadurch deutlich vor Augen geführt, dafs auch aus den Reihen der Griechen immer noch einzelne Helden vorspringen, die mit den gleichfalls vorgesprungenen Troern kämpfen, ähnlich wie bei einer zurückgehenden Schützenlinie einzelne Schützen stehen bleiben, um auf den nachdringenden Feind noch einen Schufs abzugeben: so Aias, 610, der seinen Speer sogar noch wiedergewinnen kann, dann aber schleunigst zurückgeht 622, Tlepolemos 628 ff., ja, Odysseus erringt sogar vorübergehend einen entschiedenen Erfolg gegen die Lykier, 677, jedoch ohne dadurch eine Änderung im Gange des Gefechts herbeizuführen. Denn dafs die Griechen sich ununterbrochen in einem Rückzugsgefechte befinden, wird 699 ff. ausdrücklich ausgesprochen:

> Ἀργεῖοι δ' ὑπ' Ἄρηϊ καὶ Ἕκτορι χαλκοκορυστῇ
> οὔτε ποτὲ προτρέποντο μελαινάων ἐπὶ νηῶν
> οὔτε ποτ' ἀντεφέροντο μάχῃ, ἀλλ' αἰὲν ὀπίσσω
> χάζονθ', ὡς ἐπύθοντο μετὰ Τρώεσσιν Ἄρηα.

Der Rückzug wäre wohl gar in eine wirkliche Flucht übergegangen, weil unter den Händen Hektors so viele Achäer fielen, 703 ff., wenn nicht Athene und Hera beschlossen hätten, ihrerseits wieder die Offensive zu ergreifen (718: ἀλλ' ἄγε δὴ καὶ νῶϊ μεδώμεθα θούριδος ἀλκῆς) und den unter Diomedes sich tapfer wehrenden Achäern, 781 ff., Beistand zu leisten. Dadurch wird denn auch noch Besiegung des Ares die Umschlag herbeigeführt, der mit der Flucht der Troer endet, nachdem Aias ihre Reihen durchbrochen, Z 6 ff.

Das Bild einer geordneten Rückzugsdeckung aber wird uns in der bereits oben besprochenen Stelle, O 281 ff., anschaulich vorgeführt. Die Griechen, welche nach Hektors Fall die wild fliehenden Troer dicht auf den Fersen verfolgt hatten, 277 ff., werden durch das ganz unvermutete Erscheinen Hektors, den Apollo geheilt und mit neuem Mut und Siegeszuversicht erfüllt hatte, heftig erschreckt und völlig mutlos gemacht, 279, 280. Es gilt nun, den Rückzug anzutreten und die durch die hitzige Verfolgung aufgelöste und deshalb zum Kampfe nicht mehr recht brauchbare Masse des griechischen Heeres bei der plötzlichen Wendung der Dinge möglichst ungeschädigt in Sicherheit zu den Schiffen zu bringen. Der Rat dazu wird in dieser schwierigen Lage dem Thoas in den Mund gelegt, welcher war, 281 ff.:

$$Αἰτωλῶν ὄχ' ἄριστος, ἐπιστάμενος μὲν ἄκοντι,$$
$$ἐσθλὸς δ' ἐν σταδίῃ · ἀγορῇ δέ ἑ παῦροι Ἀχαιῶν$$
$$νίκων, ὁππότε κοῦροι ἐρίσσειαν περὶ μύθων,$$

und dessen hohes Ansehen wohl am besten dadurch gezeichnet wird, dafs Poseidon, N 216, seine Gestalt wählte, um die mutlosen Achäer anzufeuern, denn $θεὸς$ ὥς τίετο δήμῳ. Dieser rät also, 295 ff., das Gros des Heeres solle sich zu den Schiffen zurückziehen, die besten Helden aber sollen stehen bleiben, die Speere schufsfertig über dem Kopfe, um zu versuchen, ob sie die siegreichen Troer eine Zeit lang aufhalten können. Sein Rat wird befolgt, Aias, Idomeneus, Teukros, Meriones und Meges mit ihren Leuten — denn so verstehe ich das οἱ μὲν ἄρ' ἀμφ' Αἴαντα κ. τ. λ. — stellen eine wohl geordnete Schlachtreihe gegen Hektor und die Troer her, ἑσμίνην ἤρτυνον, 293, während die Hauptmasse des Heeres zu den Schiffen zurückgeht, 305. — Mag immerhin ein Teil der gegen diese Stelle, den Rat des Thoas, geäufserten Bedenken, cf. Hentze, Anhang zu O, pag. 103 ff., gerechtfertigt und die ursprüngliche Zusammengehörigkeit derselben mit der Gesamtdarstellung anfechtbar erscheinen, für unsere Untersuchung ist das von minderer Wichtigkeit. Der Verfasser derselben hat uns jedenfalls ein klares Bild von einer verständig angeordneten Rückzugsdeckung gegeben. Dafs eine solche von fünf einzelnen Helden, 291, 292, gegen einen siegreichen Feind nicht ausführbar ist, versteht sich von selbst; die genannten Helden führen sie eben mit ihren Leuten aus. Eine Abteilung des Heeres deckt den Rückzug, während das Gros Sicherheit bei den Schiffen sucht, und dieser Rückzugsdeckung gegenüber haben auch die Troer ihrerseits die aufgelöste Ordnung wieder hergestellt. Mit dieser Erwägung scheint mir aber auch ein Teil der von Hentze a. O. zusammengestellten Anstöfse zu fallen. Es ist sehr wohl mit dem Rate des Thoas das προτίωψαν ἀολλέες, 306, und das ὑπέμειναν ἀολλέες, 312, zu vereinen, ebenso die 313 erwähnten, schon oben besprochenen fliegenden Pfeile und der Vergleich mit einer Herde, 323. Diese als Bedenken gegen die Stelle hervorgehobenen Punkte beweisen gerade, dafs der Verfasser derselben die Deckung sehr verständigerweise durch eine ganze Abteilung, nicht durch wenige Helden, ausführen läfst, und dafs wir berechtigt sind, von einer wirklichen Rückzugsdeckung zu sprechen. Darum vermag ich auch ein anderes von Ameis zu 295 hervorgehobenes Bedenken, „dafs die weitere Erzählung die Befolgung von Thoas Rat nicht voraussetze", nicht anzuerkennen. Im Gegenteil, mir scheint alles ganz ordnungsmäfsig vor sich zu gehen. 306 stofsen die Troer in geschlossener Masse vor, und es werden von beiden Seiten Salven abgegeben, die Troer machen dann unter Apollos Führung mit lautem Schlachtgeschrei einen Vorstofs, 320, 321, dem die Achäer nicht stand halten, — sie waren ja auch nur in geringerer Anzahl — die Schlachtreihe wird zersprengt, und die mutige Schar, die den Rückzug gedeckt und den Feind eine Zeit lang aufgehalten hatte, folgt in regelrechter Flucht dem Gros zu den Schiffen nach, 326 ff. — Wir gehen nun zur Besprechung der eigentlichen Flucht über.

Es ist eine natürliche Folge der geschilderten Kampfesweise und der Bewaffnung, dafs die Flucht der gefährlichste und blutigste Akt der Schlacht für den schwächeren Gegner ist. Von dem Augenblicke an, in dem ein Teil des Heeres den Rücken wendet, giebt derselbe jede Waffe aus seiner Hand in die des Gegners, der jetzt ohne grofse Gefahr für sich selbst, soweit seine Kraft reicht, unter den fliehenden Feinden wüten kann. Entscheidend für Rettung und Erfolg ist allein die Schnelligkeit, und es wird daher auch auf beiden Seiten das beste Mittel dazu, der Wagen, schleunigst in Benutzung gezogen. — Zwei Momente sind daher in den Schilderungen von Flucht und Verfolgung, wie sie in reicher Fülle das Epos giebt, typisch und werden von uns als der Wirklichkeit entnommen anzusehen sein: es werden auf beiden Seiten, zur Flucht und zur Verfolgung, die Wagen bestiegen, und, was noch mehr hervortritt, es fallen nur Krieger auf seiten des fliehenden Gegners. Dafs es in dem Augenblicke, in welchem das Heer sich zur Flucht wendet, besonders schwierig sein mufste, erst noch den Wagen zu besteigen, und dafs gerade dann an die Treue und Zuverlässigkeit des Wagenlenkers besondere Anforderungen gestellt wurden, habe ich schon oben erwähnt. Der Dichter trägt dieser Sachlage Rechnung, indem er wiederholt bei Beginn der Flucht Helden auf der besiegten Seite gerade in dem Augenblicke fallen läfst, in welchem sie den Wagen besteigen wollen oder eben bestiegen haben. — Während nun bei dem Rückzugsgefechte (s. o.) die Ordnung im ganzen gewahrt blieb, löste sich auf der Flucht der schon an sich nur lockere Zusammenschlufs der Reihen sehr bald völlig auf. Die Führer und Edlen suchten ihre Wagen zu besteigen, durchfuhren die Scharen des fliehenden Fufsvolkes und eilten demselben oft weit voraus, ihm so das letzte Mittel zur Standhaftigkeit und zum Widerstande nehmend. Die Bewaffnung deckte den Krieger auf der Flucht nur mangelhaft; denn wenn er den langen Schild über den Rücken hing, war er bei jedem Sprung vorwärts in Gefahr zu stolpern, und der kleine runde Schild, den die grofse Masse trug, gab dem Rücken nur wenig Schutz. Dazu kam, dafs bei der Art des Kampfes, besonders wenn die Flucht durch einen Einbruch in die Reihen herbeigeführt war, die Gegner den Besiegten sofort unmittelbar auf den Fersen waren und dieselben, die nicht einmal in der Lage waren, sich rasch herumzudrehen, nach Belieben niederhauen und niederstechen konnten.

Eine so fliehende und verfolgte Masse wieder zum Stehen zu bringen, war natürlich nur durch ein aufserordentliches Hülfsmittel möglich, und so ist es denn im Epos fast regelmäfsig die mächtige Einwirkung eines Gottes, welche diese Wendung herbeiführt. Durchaus der Wirklichkeit entsprechend aber erscheint es, wenn in einem solchen Falle nun der bisherige Sieger in eine übele Lage gerät, denn die gelockerte Ordnung bringt für ihn den gleichen Nachteil mit sich. Auch die Reihen der Verfolger verloren rasch den Zusammenschlufs, jeder dachte nur daran, den nächsten Gegner niederzustechen und sich seiner Waffen als guter Beute zu bemächtigen, ehe er mit seinen Kameraden weiter vordrang. Machten nun die fliehenden Feinde infolge irgend einer wirksamen Hülfe kehrt, dann galt es für die Verfolger, sich schleunigst zu sammeln und zu ordnen, und wir finden nicht selten, dafs dann plötzlich der Spiefs sich umkehrt und aus dem Flüchtling der Verfolger wird, oder der Dichter hebt es besonders hervor, wenn die bisherigen Sieger einem Vorrücken des wieder gesammelten Gegners stand halten. Die Dorier vermieden daher die Verfolgung, weil ihre Stärke in der Geschlossenheit bestand, diese aber im Handgemenge allmählich verloren ging, cf. Jähns a. O., pag. 54. — Dafs es auf seiten der Besiegten an Versuchen tapferer Helden nicht fehlt, die Umkehr des Glücks zu erzwingen und durch eine mutige Offensive den siegreichen Verfolger aufzuhalten, den eigenen Leuten aber die Möglichkeit zur Sammlung zu verschaffen, entspricht durchaus der Natur eines kriegerischen Volkes und dem Bilde, das wir uns von dem Heldenmute und der Kraft seiner Führer und Fürsten machen müssen. Diese Versuche werden gewöhnlich zu Wagen ausgeführt und vom Dichter bei der Schilderung einer Flucht fast nie unerwähnt gelassen. Der Einfachheit halber bespreche ich dieselben erst nach einer kurzen Betrachtung des im Epos geschilderten Herganges bei der Flucht und Verfolgung, zu der ich mich nun wende.

Gleich bei Beginn des ersten Schlachttages wird uns das Bild einer Flucht vorgeführt. Athene hatte Ares, der den Troern beigestanden, aus der Schlacht entfernt, E 35, die Folge davon war, dafs, 37, Τρῶας δ' ἔκλιναν Ἰαναοί. (Der Ausdruck ἔκλιναν Τρῶας ist für diesen Vorgang sehr bezeichnend; noch bestimmter heifst es ι 59 κλῖναν δαμάσαντες oder Ξ 510 μάχην ἔκλιναν. Die ursprüngliche Bedeutung desselben ist doch wohl: sie beugten, bogen die Schlachtreihe der Troer, indem sie vordrangen, einwärts, und es wird somit deutlich der Widerstandsversuch der Schlachtlinie bezeichnet, die gleichsam gerade zu bleiben sich anstrengt, aber durch den starken Druck einwärts gebogen und dann gebrochen wird.) Sofort nach dem κλῖναι beginnt die Flucht, und nur die Namen troischer Helden werden als gefallen aufgezählt, 38 ff. Agamemnon stöfst den Odios vom Wagen, den dieser eben zur Flucht bestiegen hat, und Idomeneus erlegt den Phaestos ἵππων ἐπιβησόμενον, 46; τὸν μὲν ἄρ' Ἰδομενῆος ἐσύλεον θεράποντες, 48 heifst es weiter, während er selbst auf der Verfolgung dem Gegner nachsetzt; Menelaos trifft den Skamandrios πρόσθεν ἔθεν φεύγοντα μεταφρένον, 56, Meriones den Phereklos, den er κατέμαρπτε διώκων, 65, Meges den Pedaios ἐγγύθεν ἐλθών, 72, Eurypylos den Hypsenor πρόσθεν ἔθεν φεύγοντα, μεταδρομάδην .. ὦμον φασγάνῳ ἀΐξας. So giebt uns das Epos eine Reihe bestimmter, einzelner Züge, die dem Gesamtbilde einer Flucht entnommen sind. In der Wirklichkeit haben wir uns natürlich nicht blofs 6 oder 10 Helden auf den fliehenden Gegner einhauend zu denken, sondern es werfen so viele als möglich ihre Lanzen in den Haufen der Flüchtigen, oder hauen mit den Schwertern drein, wenn die Speere verworfen sind. Ebensowenig begnügt sich ein tapferer Held, der einen fliehenden Gegner erschlagen hat, mit der Erlegung des einen, sondern weiter setzt er den Verfolgten nach, wie es von Idomeneus, 48, ausdrücklich hervorgehoben wird. — Allen voraus that sich Diomedes hervor, den man oft mitten unter den fliehenden Troern sah, so dafs man nicht erkennen konnte, ob er zu diesen oder den Achäern gehörte, 85, dem es also nicht genug war αἰεὶ ἀποκτείνειν τὸν ὀπίσσω, cf. Θ 342, sondern der mitten in das Gedränge der Flüchtigen hineinsprang, dort wütend und mordend, 93. — Die griechischen Führer erscheinen alle zu Fufs, doch fahren die Wagen ihnen natürlich nach, so dafs Diomedes nach seiner Verwundung durch den Pfeilschufs des Pandaros zurückgehen und sich von seinem Wagenlenker den Pfeil aus der Wunde ziehen lassen kann, 107. Übrigens scheint es mir sehr charakteristisch und der Situation entsprechend, dafs bei der allgemeinen Flucht gerade ein Bogenschütze es war, der den gefürchteten Diomedes getroffen; denn ein solcher konnte bei seiner leichten Bewaffnung noch am ehesten es wagen, sich umzudrehen und einen Schufs auf die Verfolger abzugeben. Nach der raschen Heilung seiner Wunde stürmt der Tydide wieder in der vordersten Reihe den Troern nach, 134, und wütet nun mit verdreifachter Wut und der Blutgier eines Löwen, wie es nur ein homerischer Held zu thun vermag, unter den geängstigten Gegnern, 136 ff., Rüstungen raubt er von den Feinden gar nicht mehr, und erschlägt sie gleich paarweise. — Bezeichnend ist es, dafs der Dichter hier drei Brüderpaaren dies blutige Schicksal durch Diomedes bereiten läfst, 144, 148, 160, also zur Bezeichnung der aufserordentlichen Furchtbarkeit des Tydiden ein für Fluchtschilderungen feststehendes Motiv, dafs nämlich ein Brüderpaar, gewöhnlich auf einem Wagen befindlich, cf. 160, erschlagen wird, in gesteigertem Mafse anwendet. — Auch Hektor war von der wilden Flucht mit fortgerissen, auf der die Troer ohne Widerstand hingemordet wurden, 465, und nur das Eingreifen eines Gottes konnte hier Wandel schaffen. Dasselbe geht aus von Apollo, welcher den Troern Ares zu Hülfe sendet und sie durch ihn zu neuem Widerstande anfeuert, 461 ff. Sarpedon gewinnt zuerst seinen Heldenmut wieder, 470, und veranlafst voll Zorn über die Feigheit der Troer den Hektor, der Flucht Einhalt zu thun und den Kampf von neuem zu beginnen.

Bei den nun folgenden Versen, E 493 ff., mufs ich einen Augenblick länger verweilen, weil mir bei einem genaueren Eingehen auf den Zusammenhang die bisherige Erklärung derselben, namentlich von Vers 505, unhaltbar zu sein scheint. Hektor ist entsprechend der Aufforderung Sarpedons vom Wagen gesprungen, 494, und treibt seinen Speer schwingend das troische Heer zu neuem Kampfe an. Darauf machen die Troer kehrt und treten den Achäern entgegen, 497. Wie ist nun die Situation auf beiden Seiten? Die Griechen waren in hitziger Verfolgung begriffen, ihre Reihen sind dabei mehr oder weniger gelöst; diejenigen, welche zu Wagen verfolgt hatten, befinden sich natürlich vorn; auch die Wagen der Helden, welche zu Fufs geblieben, sind ihren Herren nachgefahren. Nun machen die Troer, durch göttlichen Beistand gestärkt, plötzlich kehrt. Hektor, der von seinen schnellen Rossen getragen auf der Flucht allen Troern vorangeeilt ist, hält naturgemäfs die vordersten derselben zuerst auf; so bildet sich, indem die später nachkommenden allmählich auflaufen und sich rasch ordnen, bald eine Art von Phalanx, die den Griechen entgegenrücken kann. Diese aber $ὑπέμειναν ἀολλέες, οὐδ᾽ ἐφόβηθεν$, 498. (Ich mache ausdrücklich auf die Aoriste an dieser Stelle aufmerksam, die den Eintritt in den Widerstand bezeichnen, im Gegensatz zu den Imperfekten, 527, $ὡς Δαναοὶ Τρῶας μίνον ἔμπεδον οὐδ᾽ ἐφέβοντο$, die das Ausharren in dieser Stellung nach eingehender Schilderung derselben rückblickend hervorheben). Damit aber die Griechen geschlossen den anrückenden Troern stand halten können, müssen alle von der Verfolgung her noch vorn befindlichen Wagen schleunigst zurückfahren und die Front frei machen. Die Führer, die etwa vorher auf den Wagen standen, sind natürlich heruntergestiegen und in die Phalanx eingetreten.

Diese Vorbereitungen, die nötig waren, um den herankommenden Troern die Stirn zu bieten, und das ruhige Erwarten der Gefahr schildert uns der Dichter in den Versen 499—527. Es heifst dort also: wie die Tenne weifs wird von der geworfelten Spreu, so wurden die Achäer weifs, $λευκοὶ ὕπερθε γίνοντο$ 503, von dem Staube, den durch ihre Reihen hindurch die Hufe der Rosse aufwirbelten; 505, 506: $Ἵππων ἂψ ἐπιμισγομένων· ὑπὸ δ᾽ ἔστρεφον ἡνιοχῆες· οἱ δὲ μένος χειρῶν ἰθὺς φέρον$. Die Herausgeber beziehen nun $ἐπιμισγομένων$ auf die Troer und erklären, Faesi: 505 „als sie (die Rosse der Troer) sich wieder unter sie (die Achäer) mischten, wieder in ihre Reihen eindrangen," 506 „$οἱ δὲ$ nämlich $Τρῶες$, die $ἐπιβάται$, im Gegensatz von $ἵππων$", ebenso Ameis, La Roche, Düntzer. Durch diese Erklärung scheint mir aber eine ganz unmögliche Situation geschaffen zu werden. Denn abgesehen davon, dafs die Ergänzung von $Τρώων$ zu dem $ἵππων ἐπιμισγομένων$ und die Beziehung von $οἱ δὲ$ auf die Troer nach Vers 502 ff. sehr künstlich und hart und von einem Hineinsprengen der Reitergeschwader in das Fufsvolk überhaupt nirgends die Rede ist, wäre es doch auch der so angenommenen Sachlage durchaus nicht entsprechend, ja, ein fast komisch wirkendes Resultat des Eindringens feindlicher Wagenkämpfer in die griechischen Reihen, wenn uns der Dichter weiter nichts zu berichten wüfste, als dafs dieselben dadurch mit Staub bedeckt worden wären. Ganz unbegreiflich wäre es ferner, dafs sie trotzdem ruhig weiter $μένον$, so unbeweglich wie eine Wolkenschicht bei vollständiger Windstille auf Bergeshöhen ruht, 522; dafs der Atride, obwohl die troischen Wagenkämpfer in die griechischen Reihen eingedrungen waren, $ἀν᾽ ὅμιλον ἐφοίτα πολλὰ κελεύων$, 528, dafs er dann seine Lanze auf die Troer, deren Wagenkämpfer also hinter seinem Rücken bereits kämpften, schleuderte und einen $πρόμος ἀνὴρ$ traf, 533, und dafs sich überhaupt ein stehendes Gefecht, wie es in den folgenden Versen geschildert wird, hatte entwickeln können. — Darum belasse ich $ἵππων ἐπιμισγομένων$ in seiner natürlichen Beziehung zu dem Subjekt des Satzes $Ἀχαιοί$ und übersetze: ‚die Achäer wurden von Staub bedeckt, den die Rosse durch ihre Reihen aufwirbelten, als sie zurück und wieder unter sie kamen, denn die Wagenlenker wandten sie um; sie selbst aber, nämlich die Herren, waren bereit, sich mit ihren kräftigen Armen zum Angriff zu wenden'. $φέρον$, 506, steht de conatu und $ἰθύς$ von der Bewegung in der Offensive im Gegensatz zu den zurückfahrenden Wagen. Die ἵπποι ἐπιμισγόμενοι sind also nach meiner Auffassung die griechischen Wagen, die sich auf der Verfolgung vornbefunden hatten und bei der plötzlich eingetretenen Wendung schleunigst durch die noch nicht zusammengeschlossenen Reihen der Griechen und durch andere Lücken hindurch hinter die Front fuhren, während ihre Herren wie die anderen Achäer sich zum Kampfe bereit machten. Es fragt sich nur noch, ob ἐπιμίσγομαι diese Bedeutung ‚unter sie geraten' zuläfst, und das scheint mir nach dem Sprachgebrauche unbedenklich der Fall zu sein. Das Wort bezeichnet ursprünglich das Vermengen verschiedener, an sich nicht zusammen gehörender Dinge. In diesem allgemeinen Sinne steht es ζ 205: οὐδέ τις ἄμμι βροτῶν ἐπιμίσγεται ἄλλος, und 241: Φαιήκεσσιν ὅδ' ἀνὴρ ἐπιμίξεται ἀντιθέοισιν. In der Ilias kommt es aufser unserer Stelle noch einmal vor, K 548, wo Nestor zu Odysseus und Diomedes, die mit den herrlichen Rossen des Rhesos von ihrer Rekognoszierung zurückkehren, sagt: ‚woher sind die herrlichen Rosse? die habe ich ja noch niemals gesehen, obwohl ich αἰεὶ μὲν Τρώεσσ' ἐπιμίσγομαι, οὐδέ τί φημι μιμνάζειν παρὰ νηυσί, γέρων περ ἐὼν πολεμιστής. Das Wort kann an dieser Stelle sehr gut die Bedeutung haben ‚ich treffe im Kampfe zusammen', indessen will doch wohl Nestor in erster Linie sagen ‚er komme unter die Troer', etwa in dem Sinne, wie er es Δ 322 ff. von sich beschreibt:

. . νῦν αὐτί με γῆρας ὀπάζει .
ἀλλὰ καὶ ὧς ἱππεῦσι μετέσσομαι ἠδὲ κελεύσω
βουλῇ καὶ μύθοισι · τὸ γὰρ γέρας ἐστὶ γερόντων.
αἰχμὰς δ' αἰχμάσσουσι νεώτεροι, οἵ περ ἐμεῖο
ὁπλότεροι γεγάασι πεποίθασίν τε βίηφιν.

An unserer Stelle würde das Wort also mehr die allgemeine Bedeutung haben ‚die wieder unter sie kamen', in Verbindung mit δι' αὐτῶν, 503, ‚durch ihre Reihen hindurchfuhren'. Da nun auch das fünfmal vorkommende Adverbium ἐπιμίξ an drei Stellen gerade von dem Gemenge der Rosse und Mannen gebraucht wird, Λ 525, Φ 16, Ψ 242, und an zwei Stellen in einem allgemeineren Sinne, so scheint mir die oben gegebene Erklärung eine ganz natürliche und der Sachlage entsprechende, auch sprachlich unbedenklich zuläfsige zu sein.

Nach manchem Wechsel und längerem Schwanken des Kampfes wird Ζ 6 berichtet, dafs es dem Aias gelungen, die Phalanx der Troer zu durchbrechen; damit ist es um sie geschehen, und es folgen sofort in der Darstellung des Dichters die für den Beginn der Flucht charakteristischen Bilder. Diomedes tötet den Axylos samt seinem Wagenlenker, 18, Euryalos tötet paarweise erst den Dresos und Apheltios, dann die Brüder Aisepos und Pedasos, denen er die Rüstungen raubt; in voller Verwirrung fliehen die Troer nach der Stadt hin, 41, ohne Widerstand werden sie von den Griechen niedergemacht, und nur troische Helden bluten unter den Händen ihrer Verfolger, 29—36. Wem ein Wagen zu gebote steht, der hat ihn bestiegen, aber bei der wilden Flucht wird nicht auf den Weg geachtet; darum zerbrechen die Rosse des Adrestos an einer Baumwurzel die Deichsel, 38, und stürmen wilden Laufs den übrigen fliehenden nach, ihr Herr aber wird herausgeschleudert und fällt den Verfolgern in die Hände. Bei solcher Verwirrung ist die Gelegenheit günstig zur Erwerbung kostbarer Beutestücke, die später die Händler aus Lemnos gern gegen einen guten Tropfen Wein umtauschen, H 473 ff., und mancher bückt sich wohl, wertvollen Raub zu bergen und läfst die Kameraden allein die Verfolgung fortsetzen. Das widerspricht aber jeder vernünftigen Kriegführung, denn vor allem gilt es, den Sieg auszunutzen und dem Gegner nach Kräften Abbruch zu thun, und zu diesem Zwecke müssen alle Mannen zusammengehalten werden. Darum ruft der kriegserfahrene Nestor mit weithin schallender Stimme, Ζ 68 ff., den Argivern zu:

μή τις νῦν ἑτάρων ἐπιβαλλόμενος μετόπισθεν
μιμνέτω, ὥς κεν πλεῖστα φέρων ἐπὶ νῆας ἵκηται,
ἀλλ' ἄνδρας κτείνωμεν· ἔπειτα δὲ καὶ τὰ ἕκηλοι
νεκροὺς ἂμ πεδίον συλήσετε τεθνηῶτας.

Ja, Ο 347 ff. ruft Hektor, für den in noch höherem Grade die Pflicht vorlag, die endlich eingetretene günstige Wendung des Krieges zur vollständigen Vernichtung der Gegner und zur Eroberung der Schiffe auszunutzen, drohend den Seinen, die bei der Verfolgung Beutestücke aufnehmen wollen, die Worte zu: ‚auf die Schiffe gestürmt! lafst liegen die blutige Beute! wen ich zurückbleiben sehe, den stofse ich auf der Stelle nieder, und seinen Leichnam sollen die Hunde vor der Stadt herumzerren!'

Da Helenos fürchtet, dafs die Troer in ihrer feigen Angst, Ζ 74, bis in die Stadt hinein fliehen würden, überredet er den Hektor und Aeneas, vorher der Flucht Einhalt zu thun und in Anlehnung an die Mauern der Stadt ein stehendes Gefecht zu liefern, bis Hektor den Bittgang der troischen Weiber zum Tempel der Athene ins Werk gesetzt habe. Hektor springt vom Wagen, — dafs beide sich wieder vor den fliehenden Mannen befinden, beweist klar Vers 80: στῆτ' αὐτοῦ καὶ λαὸν ἐρυκάκετε πρὸ πυλάων — und die Flucht kommt zum Stehen. Es war diesmal also nicht das Gebot eines Gottes, sondern nur das Wort des Sehers Helenos, das den Umschlag herbeiführte. Aber überaus bezeichnend ist es, wenn der Dichter bemerkt, 108, die Achäer seien erstaunt über die plötzliche Wendung der Troer zurückgewichen,

φάν δέ τιν' ἀθανάτων ἐξ οὐρανοῦ ἀστερόεντος
Τρωσὶν ἀλεξήσοντα κατελθέμεν, ὡς ἐλέλιχθεν.

Die dann durch das Wiedereingreifen des Hektor und Paris veranlafste, nur mit wenigen Worten angedeutete Flucht der Achäer, Η 15—18, haben wir oben bereits kurz besprochen.

Am zweiten Schlachttage war nach langem Schwanken des Kampfes durch Zeus eine Panik in die Reihen der Achäer gesandt, Θ 77, so dafs alle Helden die Flucht ergriffen und sich auch durch das tapfere Vorgehen des Diomedes nicht aufhalten liefsen. In wirrem Knäuel drängten sich auf dem engen Raume zwischen Graben und Wall Fufsvolk und Wagen, alle von blinder Furcht vor Hektor erfüllt, 215, 216. Da ist es wieder ein von Zeus gesandtes, allen sichtbares Zeichen seiner Hülfe, das die Wendung herbeiführt, 251. Jetzt denken plötzlich alle Griechen wieder an den Kampf; als erster wendet Diomedes seinen Wagen zum Angriffe auf die Verfolger, und das erste Opfer seines Speeres ist der zu Wagen dem troischen Fufsvolk bei der Verfolgung natürlich vorangeeilte Agelaos, der eben seine Rosse wieder zur Flucht gewandt hat und nun in den Rücken getroffen vom Wagen herabstürzt, 257, 260. Unter den anderen griechischen Führern zeichnet sich besonders Teukros aus, der wie auch Aias zu Fufs kämpft, 271, 272; Hektor ist diesmal nicht mit seinen schnellen Rossen fliehend den Troern voran geeilt, 299, 322, die überhaupt mehr in langsamen Zurückweichen als auf eiliger Flucht befindlich geschildert werden, (hält es doch Teukros für nötig, sich nach jedem Schusse hinter den Schild des Aias zu bergen, 271, 272) und er springt nachher vom Wagen, um dem Teukros entgegen zu gehen, den er durch einen Steinwurf kampfunfähig macht, 320 ff. Danach verleiht Zeus den Troern wieder Kampfesmut, 335, und allen voran verfolgt nun Hektor die eiligst zum Graben zurück fliehenden Griechen, immer den letzten tötend. Er tritt dabei selbst so sehr in den Vordergrund, obgleich neben ihm auch die anderen Troer auf die Griechen einhauend gedacht werden, 344, dafs Athene sagt, die Achäer kämen um ἀνδρὸς ἑνὸς ῥιπῇ, 355. Den Wagen hatte er bei Beginn der Verfolgung wieder bestiegen, 348, und erst die einbrechende Nacht macht derselben ein Ende, 485 ff.

Auch am dritten Schlachttage wird erst lange Zeit unentschieden gekämpft, bis es der Tapferkeit der Achäer gelingt, die Reihen der Troer zu durchbrechen, σφῇ ἀρετῇ Δαναοί ῥήξαντο φάλαγγας, Λ 90. Sofort beginnt die Flucht, und allen voran stürmt Agamemnon in die Reihen der Troer hinein und tötet den Bienor samt seinem Wagenlenker Oileus, der vergeblich seinem Genossen zu Hülfe vom Wagen herabgesprungen war. Diesem ersten Paare folgt sofort als Opfer das Brüderpaar Isos und Antiphos, εἰν ἑνὶ δίφρῳ ἐόντας, 103, gleich darauf ein zweites, ebenfalls auf einem Wagen stehendes, 127, Peisandros und Hippolochos, dem die Zügel entglitten und die Rosse durchgegangen waren. Agamemnon hatte sie deshalb leicht eingeholt und stöfst sie trotz ihrer flehentlichen Bitten mit Lanze und Schwert nieder. Es sind also ganz ähnliche Scenen, wie sie auch bei der Aristie des Diomedes das Bild der wilden Flucht ausmalten, und auch das erscheint mir bezeichnend, dafs die gefeiertsten Thaten dieser hervorragendsten griechischen Helden nicht im Kampfesringen gegen einen tapferen, widerstandsfähigen Gegner, sondern auf der Flucht des regellos fliehenden Feindes ausgeführt werden. Wie Agamemnon, so sprangen auch die anderen Griechen auf die fliehenden Troer ein und töteten, wen sie erreichen konnten, τῇ ῥ' ἐφόρησ', ἅμα δ' ἄλλοι ἐυκνήμιδες Ἀχαιοί, 149, 150—154. Und immer wieder aufs neue wird es hervorgehoben, wie Agamemnon den flüchtenden, hülflosen Troern nachsetzt, 153, 165, 168, 178, und in immer neuen Farben wird uns das Bild dieser heillosen Verwirrung vorgeführt, 155—162: völlig auseinander gesprengt sind sie und wagen erst unter dem Schutze der Mauern dem rasenden Laufe Einhalt zu thun und auf ihre Kameraden zu warten, die in der Ebene wie die vom Löwen überfallenen Rinder gejagt und gemordet werden, 171 ff. Die Rettung kommt erst wieder durch das Eingreifen des Zeus, welcher die Iris zum Hektor entsendet mit dem Befehle, die Schlachtreihe wieder herzustellen und sich selbst bis zur Verwundung Agamemnons vom Kampfe fern zu halten, 204 ff. Das geschieht, 214, auch die Achäer stellen ihre durch die Verfolgung aufgelösten Reihen wieder her, und es beginnt eine neue Schlacht, 215. Sobald aber Hektor bemerkt hat, dafs Agamemnon verwundet aus dem Kampfe gefahren ist, fordert er, des Sieges durch Zeus Zusage gewifs, die Troer zu einem energischen Vorstofse auf und zwar mit den etwas auffallenden Worten 289: ἴθυς ἐλαύνετε μώνυχας ἵππους ἰφθίμων Δαναῶν. Man möchte dieselben fast als eine Hindeutung auf die sofort beginnende Flucht und Verfolgung ansehen; denn ohne einen Kampf geschildert zu haben, führt uns der Dichter die Achäer sogleich in aufgelöster Ordnung auf wilder Flucht von Hektor gejagt vor, 299 ff. Nur griechische Helden fallen, und nachdem die Führer, sonst ganz unbekannte Namen, erschlagen, wird die πληθύς widerstandslos in Massen von Hektor hingemordet, 305. Bis zu den Schiffen wären die Achäer ohne Zusammenhang und Halt geflohen, 311, wenn nicht Odysseus und Diomedes den Verfolgern entgegengetreten wären, um sie aufzuhalten und den Flüchtlingen etwas Luft zu verschaffen, 327 ff.

Wenn im Anfang von M der Dichter die Troerführer zu Wagen auftreten und erst am Graben zum Zwecke des Sturmes auf die Mauer heruntersteigen läfst, so hält er sich genau an die Situation, denn die Troer waren auf der Verfolgung der Danaer, welche Διὸς μάστιγι δαμέντες sich drängten, begriffen, 37. Ebenso entspricht es aber auch der Sachlage, wenn er sie später, Ξ 506 ff., bei der durch Poseidon herbeigeführten wilden Flucht, ἔκλινε μάχην κλυτὸς ἐννοσίγαιος 510, alle zu Fufs sein läfst und ausdrücklich hervorhebt, dafs Aias, Oileus Sohn, die meisten Troer tötete, (und nur troische Krieger fallen, 511 ff.) weil ihm keiner an Schnelligkeit der Füfse gleichkam, 521; denn die Wagen der Troer waren vor dem Beginne des Kampfes um das Schiffslager am Graben zurückgeblieben, was O 3 noch einmal ausdrücklich in Erinnerung gebracht wird.

Die durch Apollos Eingreifen und Hektors unerwartetes Auftreten im Kampfe herbeigeführte plötzliche Wendung des Gefechts und den Versuch einer Rückzugsdeckung, *O* 279 ff., habe ich schon oben besprochen; ich will nur noch im Zusammenhange mit den anderen Fluchtscenen hinzufügen, dafs auch hier bei der Verfolgung durch die Troer nur griechische Helden fallen, 329 ff. Die troischen Führer erscheinen zu Wagen, 352, 354, und um ihnen eine wirksame Verfolgung bis zu den Schiffen möglich zu machen — denn dahin ging des Zeus Befehl an Apollo, 233, — hat dieser den Graben auf Speerschufsweite geebnet, 358. Der Gott selbst schreitet zu Fufs voran und ebenso wird auch das Gros der Troer gedacht, von dem es heifst, 360, τῇ ῥ' οἵ γε προχέοντο φαλαγγηδόν. Erst an den Schiffen sammeln sich die Achäer unter gegenseitiger Ermutigung und leisten, das bedrohte Schiffslager schützend, den Troern Widerstand, so dafs diese ihre Reihen nicht durchbrechen können, 409. Bei dem dann beginnenden Kampfe haben die Führer ihre Wagen wieder verlassen.

Auch die vorzügliche Schilderung der wilden Flucht der Troer nach dem Eingreifen der Myrmidonen unter Patroklos, die sich aus einem Rückzugsgefecht entwickelt, *Π* 278 ff., ist mit den einfachsten Mitteln zu klarer Anschaulichkeit gebracht. Als die bisher siegreichen Troer den Patroklos mit seiner gefürchteten Kriegerschar heranstürmen sehen, entfällt ihnen der Mut, und ihre Reihen geraten ins Wanken, 280; mitten in das Gedränge wirft Patroklos seine Lanze, und die Troer weichen zurück von dem bereits brennenden Schiffe des Protesilaos; da stürmen auch an anderen Stellen des Kampfplatzes die Danaer vor, 295, und die Rückzugsbewegung der Troer wird allgemeiner. Doch noch nicht προτροπάδην φοβέοντο, 304, hier und da wird noch Widerstand geleistet, und bei der Aufzählung der fallenden Troer wird desselben ausdrücklich gedacht, 319, 335; auch haben die Troer ihre Wagen noch nicht bestiegen, und erst Meriones trifft κιχεὶς ποσὶ καρπαλίμοισι, 342, den Akamas, wie er eben auf den Wagen steigen will. Immer allgemeiner wird die Flucht, 356, 357, nur Hektor bleibt noch zurück, obgleich er alles verloren sieht, langsam dem Feinde weichend, um den Rückzug der Seinen zu decken, 359 ff., 363. Zuletzt springt auch er auf den Wagen und eilt den fliehenden Mannen weit voraus, von seinen flinken Rossen getragen, und ihm nach stürzt in wilder Flucht und völliger Verwirrung über die ganze Ebene zerstreut und aufgelöst, 374, das troische Heer. Patroklos sucht nun vor allen den Hektor einzuholen, 382, und fährt darum durch die Reihen der fliehenden Troer hindurch dem davonstürmenden Gegner nach; dadurch kommt er wie der fliehende Hektor vor die vordersten Reihen des troischen Fufsvolkes, die er abschneidet, 394, und zu den Schiffen zurücktreibt, den Weg zur Stadt ihnen wehrend, 395. Nur so kann ich das πρώτας ἔεργε φάλαγγας, 394, auffassen und mich nicht der Erklärung von Ameis und Düntzer anschliefsen, die darunter „die vordersten Reihen der Fliehenden, die also vorher den Schiffen am nächsten gestanden hatten, jetzt dem verfolgenden Patroklos die nächsten waren", verstehen wollen. Darauf springt Patroklos vom Wagen, vergl. Ameis zu 398, und wütet verheerend unter den Flüchtigen; nur Troer werden dabei als gefallen genannt, 394—418. Erst durch Sarpedons todesmutiges Vorgehen wird der siegreiche Gegner aufgehalten; es gelingt später sogar dem durch Apollos wunderbare Hülfe geheilten und mit neuem Mute erfüllten Glaukos, 529, die Lykier und dann auch die Troer zum Schutze von Sarpedons Leiche zu bewegen. Die Flucht kommt allgemein zum Stehen; auf beiden Seiten werden die aufgelösten Scharen neu geordnet, 563, und unter lautem Schlachtrufe stofsen sie zum Kampfe um die Leiche des tapferen Lykierfürsten zusammen, 565 ff. Aus der dann durch des Zeus Willen herbeigeführten allgemeinen Flucht der Troer (Hektor hatte von Furcht erfüllt den Wagen bestiegen und den Seinen befohlen, ihm zu folgen, 657) erwähne ich nur als für unsere Frage wichtig, dafs Patroklos bei dem Beginne der Verfolgung seinen Wagenlenker beauftragt, ihm nachzufahren, und selbst zu Fufs vordringt, 685, vgl. Ameis, und dafs die 692—697 aufgeführte Verlustliste wieder nur troische Namen enthält; τοὺς ἕλεν, οἱ δ'ἄλλοι φύγαδε μνώοντο ἕκαστος, 697.

Die nun folgenden Verse, 697—711, in denen Patroklos bereits seinen Fuſs siegreich auf die Mauern von Troja setzt, aber von Apollo zurückgestoſsen wird, sind mit der sich daran schlieſsenden Schilderung, die ihn uns zu Wagen noch auf der Verfolgung der Troer begriffen vorführt, durchaus nicht zu vereinigen. Ich halte sie, ohne auf diese Frage hier näher einzugehen, jedenfalls für einen ungeschickten späteren Zusatz. Die Verse 712 ff. setzen dann in kurzen, bezeichnenden Zügen die Schilderung von Flucht und Verfolgung fort: Hektor ist fliehend den Seinen vorangeeilt, führt aber auf Apollos Rat dem siegreichen Patroklos wieder entgegen, sein Wagenlenker wird getötet, und es kommt zu einem Zweikampfe zu Fuſs und darauf zu einem allgemeinen Kampfe um die Leiche des Kebriones, ganz ähnlich wie oben um die des Sarpedon, nur ist hier die ganze Scene um eine Staffel näher an Troja heran verlegt.

Sehr bezeichnend für die wiederholt erwähnte Darstellungsweise des Dichters ist auch die Stelle Ρ 597 ff. Wir haben es hier mit der Flucht des ganzen griechischen Heeres zu thun, herbeigeführt durch Zeus, der den Sturmschild schüttelt, daſs es um den Ida gewaltig wettert, $νίκην\ δὲ\ Τρώεσσι\ δίδον,\ ἐφόβησε\ δ'\ Ἀχαιούς$, 596; aber nur in einer einzigen bezeichnenden Scene wird uns die allgemeine Flucht geschildert. Peneleos war es, der $ἦρχε\ φόβοιο$; ihn hatte Polydamas verwundet $σχεδὸν\ ἐλθών$, und ebenso hatte Hektor den Leïtos $σχεδὸν$ getroffen; wie er nun demselben nachspringt, schieſst Idomeneus auf ihn, 605, aber die Lanze zersplittert an Hektors Rüstung; im nächsten Augenblicke aber, als Hektor ihm den Schuſs zurückgeben will, ist er bereits, als dritter, auf den Wagen des Meriones gesprungen, 609, dessen Wagenlenker, Koiranos, herangefahren war, um ihn aufzunehmen; zu seinem Glücke, denn Idomeneus war zu Fuſs von den Schiffen in den Kampf gegangen. Koiranos selbst muſs für diese treue That sein Leben lassen, denn ihn trifft die für Idomeneus bestimmte Lanze. Schleunigst greift nun Meriones aus dem Wagen heraus die zu Boden gefallenen Zügel auf, 620, und beide enteilen zu den Schiffen. So groſs war also ihre Eile, daſs sie sogar zu dreien auf einem Wagen hatten fliehen wollen, und daſs diese Eile der Flucht eine ganz allgemeine war, wird bestätigt durch die Worte, mit denen Σ 148 nach der Unterbrechung durch die Entsendung des Antilochos die Schilderung wieder aufgenommen wird: $αὐτὰρ\ Ἀχαιοὶ\ θεσπεσίῳ\ ἀλαλητῷ\ ὑφ'\ Ἕκτορος\ ἀνδροφόνοιο\ φεύγοντες\ νῆας$ .. $ἵκοντο$.

Auch in dem zum Schlusse noch kurz zu erwähnenden Bilde verwirrter Flucht, das uns nach Achills Wiedereingreifen der Dichter Υ 380 ff. vorführt, treten uns dieselben Züge entgegen, obgleich Achill fast allein im Vordergrunde steht. Derselbe war, als die Heere sich gegenüber standen, 373 ff., mitten in die Troer hineingesprungen, und es werden nun die von ihm erlegten Gegner aufgezählt; anfangs in langsamerem Tempo, wobei noch von Widerstand leistenden Troern berichtet wird, 400, — auch Hektor macht einen Versuch, gegen ihn zu kämpfen, 419 ff., — dann folgen, 455 ff., in rascherer Folge die Erschlagenen: ein Brüderpaar auf einem Wagen, 460, viele andere bald mit dem Schwerte, bald mit der Lanze Ermordete, Rigmos samt seinem Wagenlenker, der eben die Pferde zur Flucht gewandt hatte, 486. Schlieſslich erscheint Achill selber zu Wagen über die Leichname der Gefallenen den Flüchtigen nachsetzend bis zum Skamander. Nachdem er im Flusse den Asteropaios getötet, schlachtet er die Mannen desselben erbarmungslos hin, Φ 209 ff., ja, er tötet Roſs und Mann, 521, $οὐδέ\ τις\ ἀλκὴ\ γίνεθ'$. Sonst hatten stets die schützenden Mauern der Stadt der regellosen Flucht halt geboten, und es war möglich gewesen, in Anlehnung an dieselben die zersprengten Scharen zu sammeln und zu neuem Widerstande zu ordnen, jetzt dachte jeder nur an seine Rettung, wie es anschaulich die Schluſsverse von Φ schildern, 608 ff.:

$$οὐδ'\ ἄρα\ τοίγ'\ ἔτλαν\ πόλιος\ καὶ\ τείχεος\ ἐκτὸς$$
$$μεῖναι\ ἔτ'\ ἀλλήλους,\ καὶ\ γνώμεναι\ ὅς\ τε\ πεφεύγοι$$

ὅς τ' ἔθαν' ἐν πολέμῳ · ἀλλ' ἐσσυμένως ἐξέχυντο
ἐς πόλιν, ὅντινα τώνγε πόδες καὶ γοῦνα σαώσαι,

denn Priamos hatte, um sie aufzunehmen, das skäische Thor öffnen lassen, 530 ff. Das war freilich ein sehr gefährliches Hülfsmittel. Wie leicht konnte der Verfolger mit den völlig widerstandslosen Flüchtlingen, vgl. Χ 1 ff., in die Stadt eindringen, und dann war es um alle geschehen. Zu einem kühnen Vorstofse aber, der den siegreichen Feind auch nur eine kurze Weile aufgehalten hätte, hat kein troischer Held mehr das Herz. Darum ist es ein Gott, der hier helfend in die Bresche treten und die Rolle übernehmen mufs, für die es sonst bei der Flucht nie an einem oder mehreren tapferen Helden gefehlt hatte, Φ 538: Ἀπόλλων ἀντίος ἐξέθορε, Τρώων ἵνα λοιγὸν ἀλάλκοι. Er rettet die hülflosen Troer dadurch, dafs er erst durch Agenor, dann in dessen Gestalt selbst den Achill von dem bedrohten Thore ablenkt.

Von diesen Versuchen tapferer Helden, dem Verfolger entgegen zu gehen, um ihn durch einen kurzen, energischen Vorstofs eine Zeit lang aufzuhalten, ist in den vorangegangenen Besprechungen schon wiederholt die Rede gewesen, so dafs es an dieser Stelle wohl genügt, kurz noch einmal daran zu erinnern. Wir haben den Vorgang bei seiner fast regelmäfsigen Wiederkehr in allen Fluchtschilderungen gewifs als der Wirklichkeit entnommen anzusehen; zwar nicht, als ob ein einzelner Held ein ganzes siegreiches Heer aufzuhalten vermöchte, wohl aber in dem Sinne, dafs zweifellos eine Reihe entschlossener Helden, die bald hier bald da aus der fliehenden Kolonne kehrt machen und dem Gegner die Zähne zeigen, sehr wohl einen wirksamen Schutz den bedrängten Ihrigen gewähren können. Gerade darum scheint es mir auch überaus bezeichnend für die Angst, die der Dichter bei der Flucht vor dem siegreichen Achill den Troern beilegen will, dafs er keinen von ihnen mehr sich zu dieser Tapferkeit und diesem Opfermute erheben lafst. Die für unsere Frage in betracht kommenden Hauptstellen sind kurz folgende: Ε 166 geht bei der allgemeinen Flucht der Troer Aeneas zum Pandaros, um mit ihm dem Diomedes entgegen zu fahren, 218: πάρος δ' οὐκ ἔσσεται ἄλλως, πρίν γ' ἐπὶ νὼ τῷδ' ἀνδρὶ σὺν ἵπποισιν καὶ ὄχεσφιν ἀντιβίην ἐλθόντε σὺν ἔντεσι πειρηθῆναι. Ihre Tapferkeit hat den Erfolg, dafs um den vermeintlichen Leichnam des Aeneas der Kampf eine Weile zum Stehen kommt. In gleicher Absicht und mit noch besserer Wirkung fahren Athene und Diomedes den Troern entgegen, Ε 837 ff., und machen den mächtigsten Helfer derselben, den Ares, kampfunfähig. — Am zweiten Schlachttage bleibt Diomedes, während alles flieht, Θ 78 ff., mit seinem Gespann hinter den Griechen und fährt, nachdem er vergeblich den eilenden Laufes an ihm vorbeistürmenden Odysseus zur Tapferkeit ermuntert hat, 93: Ὀδυσσεῦ πῇ φεύγεις μετὰ νῶτα βαλών, κακὸς ὣς ἐν ὁμίλῳ, allein dem bedrängten Nestor zu Hülfe und mit diesem dann dem Hektor entgegen, von solchem Mute erfüllt, dafs es wiederholter energischer Erinnerung durch den Blitzstrahl des Zeus bedarf, dafs jetzt nicht die Zeit zu solcher Tollkühnheit sei, und dafs der Alte im Olymp anderes im Sinne habe. Ein ähnliches Zurückbleiben hinter der Reihe, wie es übrigens auch heut zu Tage bei einzelnen zurückgehenden Abteilungen nicht vorkommen kann und soll, haben wir oben, Λ 363, von Hektor erwähnt, der bei der allgemeiner werdenden Flucht noch aushielt, σίω δ' ἐρίηρας ἑταίρους. Später, 727 ff., fuhr er auf den Rat Apollos dem verfolgenden Patroklos zum Kampfe entgegen, wie vorher Sarpedon es gewesen war, 419 ff., welcher zur Unterstützung seiner arg bedrängten Genossen den Wagen gewendet und im Kampfe mit Patroklos für die Seinen das Leben gelassen hatte.

Sehr viel gefährlicher und weniger erfolgversprechend war es natürlich, den siegreichen Verfolgern zu Fufs entgegenzugehen, wie es Diomedes und Odysseus, Λ 312 ff., zu thun wagen. Die Griechen waren in wildester Flucht vor Hektor begriffen, und ἔνθα κε λοιγὸς ἔην καὶ ἀμήχανα ἔργα γένοντο, wenn nicht Diomedes den Odysseus aufgefordert hätte, wieder zur Offensive überzugehen, um die Schiffe zu retten, τί παθόντε λελάσμεθα θούριδος ἀλκῆς; Odysseus erklärt sich bereit, trotz der übelen Lage stehen zu bleiben, und sie töten mehrere Troer, darunter zuerst den zu Wagen verfolgenden Thymbraios samt seinem Wagenlenker, 320. Ausdrücklich wird der gute Erfolg ihres Eingreifens hervorgehoben, 327: αὐτὰρ Ἀχαιοὶ ἀσπασίως φεύγοντες ἀνέπνεον Ἕκτορα δῖον. — Besonders gefährlich aber war es für einen Helden, zurück zu bleiben, wenn er seinen Wagen nicht einmal in der Nähe hatte. Wie leicht konnte er, von den fliehenden Seinen weit entfernt, umzingelt und abgeschnitten werden! Dann galt es, sich durchzuschlagen oder von treuen Kameraden heraushauen zu lassen, ein Vorgang, der gewifs nicht selten vorkam und auch hier, ˍſ 401 ff., vom Dichter mit anschaulicher Lebendigkeit uns geschildert wird. Diomedes war nach seiner Verwundung zu den Schiffen geführen und hatte, wenig kameradschaftlich, den Odysseus allein zurückgelassen. Während dieser noch überlegt, ob er fliehen oder bleiben soll, und namentlich die Gefahr des Abgeschnittenwerdens erwägt, 405, stürmen die Troer zu Fuſs und zu Wagen, wie sie gerade auf der Verfolgung waren, auf den mutigen Helden ein. Viele werden von ihm erlegt, und alle halten sich offenbar in respektvoller Entfernung vor der gefährlichen Spitze seiner Lanze, aber sie lassen ihn auch nicht fort: so wie Jäger und Hunde einen eingekreisten Eber umstellt halten, der mit dem Schlage seiner Hauer jeden bedroht, der ihm nahe zu kommen wagt. Nur Sokos, durch den Tod seines Bruders gereizt, geht näher an ihn heran und verwundet ihn durch den Schild hindurch, flieht aber eilends, als Odysseus trotz seiner Verwundung auf ihn eindringt, 446. Den anderen Troern aber wächst jetzt, da sie das Blut des Helden fliefsen sehen, der Mut, und in dichteren Scharen stürmen sie auf den Bedrängten ein. Odysseus muſs zurückweichen und ruft in der dringenden Gefahr, gänzlich abgeschnitten zu werden, laut um Hülfe. Da unternehmen es Aias und Menelaos, den stark gefährdeten Kameraden (468: ὡςεί ἑ βιῴατο μοῦνον ἐόντα Τρῶες ἀποτμήξαντες ἐνὶ κρατερῇ ὑσμίνῃ) zu befreien und sie bringen diesen Vorsatz in geschicktester Weise zur Ausführung. Beide geben, wobei ihnen der Wagen folgt vor, während Odysseus sich mit der Lanze die ihn eng umdrängenden Troer vom Leibe hält, 485. Dann springt plötzlich der gewaltige Aias bis dicht an den Kreis der Feinde heran, die erschreckt nach allen Seiten auseinanderstieben, 486. Diesen günstigen Augenblick benutzt Menelaos, führt den Odysseus aus dem Getümmel zu dem rasch herankommenden Wagen, und unter der Deckung des tapferen und mit grofsem Erfolge gegen die Danaer kämpfenden Aias steigen sie auf und fahren davon, 488.

Der Grad des Erfolges, den Aias dann noch erringt, 490 ff., bes. 497, muſs allerdings, auch wenn Hektor nicht am Kampfe beteiligt ist, 497, eben so sehr überraschen, weil er doch nur vorgegangen war, um den Odysseus herauszuhauen, wie die 544 wieder plötzlich über ihn hereinbrechende Furcht und sein Rückzug, der eigentlich viel besser in unmittelbarem Anschlusse an die Rettung des Odysseus gepaſst hätte. Auf andere Bedenken, denen die Stelle unterliegt, ist bei Hentze, Anhang, Einleitung, hingewiesen; für unsere Frage war vor allem die Methode, nach welcher der umzingelte Odysseus herausgehauen wird, von Interesse.

Doch ich muſs hier abbrechen, um die Grenzen des mir gestatteten Raumes nicht allzusehr zu überschreiten. Es bleibt freilich noch mancher Punkt zu besprechen, um die Untersuchung über die Kampfesweise in homerischer Zeit zum Abschlusse zu bringen; namentlich habe ich die Fragen nach der Sicherung gegen den Feind, nach dem nicht mehr unbekannten Kampfe gegen Feldbefestigungen und der allerdings noch völlig in den Anfängen ruhenden Kunst des Angriffes auf befestigte Städte gar nicht berühren können. Vielleicht lassen sich dieselben bei einer anderen Gelegenheit noch einmal genauer erörtern.